D1691822

tredition®
www.tredition.de

Thema Flugangst

Johannes Holzportz wurde im Dezember 1957 im Eifelstädtchen Nideggen geboren. Nach dem Studium der Verfahrenstechnik zog es ihn und seine Frau wieder zu seinem Heimatort zurück. Hier wurden auch seine beiden Kinder geboren. Nach den verschiedensten beruflichen Etappen schlug der diplomierte Ingenieur den Weg in die Selbstständigkeit ein. Das Unternehmen, das er zusammen mit seiner Frau führt, befasst sich seit mehr als zwei Jahrzehnten mit umwelttechnischen Fragen. Die Begeisterung zu schreiben hat ihn seit Kindesbein begleitet und bis heute nicht wieder losgelassen. In der Vergangenheit veröffentlichte er zahlreiche Artikel in Tageszeitungen und publizierte technische Beiträge in führenden Fachblättern. Während seiner aktiven Zeit in der Kommunalpolitik fungierte er als Pressesprecher seiner Partei. In dem lebendig geschriebenen Buch zum Thema Flugangst, taucht er in die Gefühlswelt der betroffenen Menschen ein, erklärt in leicht verständlicher Weise die Technik des Fliegens und verzaubert den Horror am Himmel in Faszination. Mit dem vorliegenden Buch erfüllt er sich einen lang gehegten Traum, weil nicht nur das Schreiben, sondern auch die Fliegerei zu seinen Leidenschaften zählt.

Für meine Familie

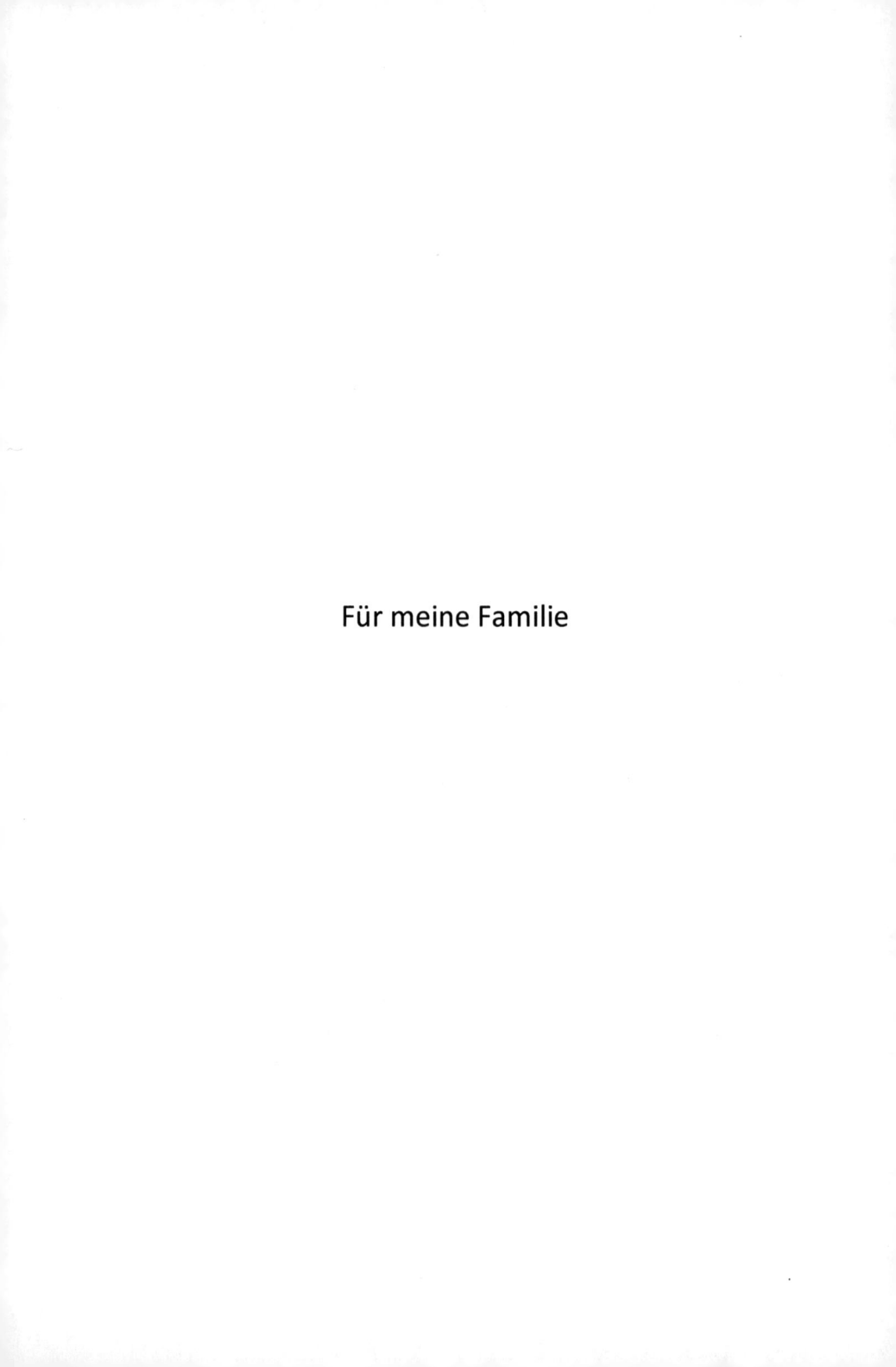

Johannes Holzportz

Thema Flugangst

Fliegen zwischen Angst und Faszination

tredition®
www.tredition.de

© 2020 Johannes Holzportz

Verlag und Druck: tredition GmbH, Halenreie 40-44, 22359 Hamburg

Texte und Innengestaltung:	Johannes Holzportz
Fotos und Grafiken im Innenteil:	Johannes Holzportz und Pixabay (S.19)
Umschlaggestaltung:	Carla Fischer cf-design.media / Berlin
Bildvorlage zum Umschlag:	Nikhil Kurian, Pixabay

ISBN
Paperback: 978-3-7439-5284-3
Hardcover: 978-3-7439-5285-0
e-Book: 978-3-7439-5286-7

Das Werk, einschließlich seiner Teile, ist urheberrechtlich geschützt. Jede Verwertung ist ohne Zustimmung des Verlages und des Autors unzulässig. Dies gilt insbesondere für die elektronische oder sonstige Vervielfältigung, Übersetzung, Verbreitung und öffentliche Zugänglichmachung.

Bibliografische Information der Deutschen Nationalbibliothek:
Die Deutsche Nationalbibliothek verzeichnet diese Publikation in der Deutschen Nationalbibliografie; detaillierte bibliografische Daten sind im Internet über http://dnb.d-nb.de abrufbar.

Inhaltliche und sachliche Fehler können nicht ausgeschlossen werden, obwohl der Autor die Recherche mit größter Sorgfalt betrieben hat. Daher kann keinerlei Haftung für inhaltliche und sachliche Fehler übernommen werden.

Genderhinweis:
Aus Gründen der besseren Lesbarkeit wird nachfolgend bei personenbezogenen Sätzen die gewohnt männliche Sprachform verwendet. Gemeint ist jedoch stets die weibliche als auch die männliche Form gleichermaßen.

Bildnachweis:
Die Abbildung auf Seite 19 stammt aus dem Archiv Pixabay. Der Bildautor ist dort nicht benannt.

Die Covervorlage stammt ebenfalls aus dem Archiv Pixabay. Der Bildautor ist: Nikhil Kurian.

Alle übrigen Abbildungen und Grafiken stammen aus den Archiven des Autors.

Copyright:
Der Autor hat sich um die gesetzlichen Vorschriften bezüglich des Copyrights bemüht. In diesem Zusammenhang weist der Verfasser ausdrücklich darauf hin, dass Abbildungen und textliche Inhalte, die einen Bezug zu Fluggesellschaften oder Flugzeugherstellern haben, keinesfalls mit dem Thema Flugangst in Verbindung gebracht werden dürfen. Die Bilder sind ausschließlich in einem sachlichen und luftfahrt-positiven Kontext zu sehen.

Inhalt

1 Vorwort 9
2 Einleitung 12
3 Start im Schneegestöber – Zwischenfall auf Sitz 5c 14
4 Passagiere – solche und solche 20
5 Jede Sekunde ein Start – wie im Taubenschlag 23
6 Im Cockpit von Frankfurt nach Addis Abeba 26
7 Urlaubsträume – Swens Geschichte 32
8 Wissen vertreibt die Angst 37
9 Der Flughafen 42
   9.1 Die Abfertigungshalle – Abflug, Ankunft, Einkauf 42
   9.2 Boarding – durchatmen und einsteigen 44
   9.3 Das Vorfeld – nicht nur Parkplatz für Flugzeuge 46
   9.4 Das Rollfeld – hier geht man in die Luft 48
10 Das Flugzeug 52
   10.1 Der A 380 – ein europäischer Traum 52
   10.2 Flugzeuge – männlich oder weiblich? 57
   10.3 Geräusche die Angst machen – Rumpeln im Bauch 58
11 Das Cockpit – die Technikzentrale 62
12 Tragflächen – die Luft als Lastesel 65
   12.1 Wirbelschleppen – Supersog hinter dem Jet 69
   12.2 Winglets – der Knick in der Tragfläche 71

12.3	Klappen und Ruder – hier wird gesteuert	75
12.4	Fly-by-Wire – Sidestick oder Steuersäule	76
12.5	Querruder – sie fliegt nur eine Kurve	80
12.6	Seitenruder – starten ohne Schlingern	82
12.7	Landeklappen – gemächlich zur Erde	85
12.8	Höhenruder – ganz schön hochnäsig	86
12.9	Trimmung – Balance ist alles	89

13 Triebwerke und Fahrwerke ... 93

13.1	Triebwerke – Pferdestärken pur	93
13.2	Fahrwerke – Belastung mit Tempo	99

14 Von Köln nach Thessaloniki ... 104

15 Die Besatzung ... 110

15.1	Briefing – Kurzbesprechung im Team	110
15.2	Flugbegleiter – Sicherheit und Service	112

16 Swen hebt ab ... 116

17 Der Start – auf nach Dubai ... 121

18 Schaukelnd durch die Wolken – darüber ist der Himmel ... 133

19 Die Erdatmosphäre – kleines ABC der Wolken ... 137

20 Reiseflughöhe – jetzt verschnaufen die Triebwerke ... 144

20.1	Essen und Trinken – willkommene Ablenkung	145

21 Wissenswertes – ganz nebenbei ... 148

21.1	Luftlöcher – ein Ammenmärchen	149
21.2	Kondensstreifen – alles verkratzt	151

22 Das Wetter 155

22.1 Reiseimpressionen – auf dem Weg in den Oman 155

22.2 Eis und Schnee – gekratzt wird am Boden 157

22.3 Regen – sie darf auch mal nass werden 159

22.4 Gewitter – gewaltige Schönheit 159

22.5 Scherwinde – unangenehme Wetterphänomene 161

22.6 Jetstream – Luftströme in großer Höhe 163

23 Die Landung 165

23.1 Sinkflug – im Leerlauf zur Erde 165

23.2 Landeanflug – Wolken, Berge, Städte 168

23.3 Endanflug – kleine Nebenwirkungen 170

23.4 Störklappen – nicht gleich wieder in die Luft gehen 174

23.5 Gelandet – bitte jetzt nicht klatschen 175

23.6 Schubumkehr – Bremsfallschirm nach der Landung 176

24 Swen - gelandet 178

25 Danksagung 180

26 Glossar 184

1 Vorwort

Für mich gibt es drei gute Gründe, warum Sie dieses Buch gekauft haben könnten: Entweder, Sie kennen mich als Autor und wollen mir eine Gefälligkeit erweisen, Sie interessieren sich für Flugzeuge und deren Technik – oder Sie haben Flugangst.

Im ersten Fall bedanke ich mich bei meinen Freunden und Bekannten für den Kauf und den Beitrag zur Erhöhung meines Autorenhonorars. Im zweiten Fall kann ich Ihnen versprechen, dass Sie im Buch genügend informativen Stoff finden, der Ihnen viele Antworten auf Ihre Fragen liefern wird und daher Ihre Ausgaben zum Kauf des Buches rechtfertigt. Im letzten Fall – und jetzt Spaß beiseite, denn der liegt mir besonders am Herzen – habe ich einen Wunsch: Den Wunsch nämlich, dass Ihnen dieses Buch helfen wird, Ihre Angst vor dem Fliegen in den Griff zu bekommen – besser noch, die Angst gänzlich zu verlieren. Gewiss, das ist unumstritten ein hochgestecktes Ziel. Vielleicht können wir es aber gemeinsam schaffen, dieses Ziel zu erreichen. Und an dieser Stelle habe ich noch eine Bitte: Sie sollten das Buch von der ersten bis zur letzten Seite lesen, damit sie ein zusammenhängendes Gesamtbild erhalten.

Ich gebe zu, kaum jemand kann sich erklären, warum ein Flugzeug mit 800 Passagieren an Bord starten kann und stundenlang in der Luft bleibt. Die Antwort darauf werden Sie aber in diesem Buch erhalten. Und Sie werden lernen, das Fliegen kein Hexenwerk ist. Sie werden etwas über die Technik lesen (ohne die geht es nun mal nicht) und die Arbeit der Piloten und Flugbegleiter kennenlernen. Auch dem Wetter und dem Flug durch die Wolken habe ich eigene Kapitel gewidmet.

Ich wurde oft gefragt, warum ich dieses Buch schreibe. Die Antwort ist ganz einfach: Der Anblick eines startenden und landenden Flugzeuges fasziniert mich immer wieder aufs Neue und löst bei mir unweigerlich Gänsehautfeeling aus. Die Technik wird immer sicherer und stetig weiterentwickelt. Aber in den vergangenen Jahren haben mir ständig Menschen von ihrer Flugangst erzählt und genau denen möchte ich von meiner Faszination zur Fliegerei etwas abgeben.

Viele Erzählungen über die Ängste der Menschen, vor und während eines Fluges, habe ich zusammengetragen. Daraus ließ sich ein realistisches Gesamtbild der ausgeprägten Flugangst und der panischen Zustände der von Aviophobie geplagten Passagiere reproduzieren. Dabei habe ich den kühnen Versuch unternommen, all das Erzählte in eine Geschichte zu fassen. Den Protagonisten habe ich die Namen Julia und Swen gegeben. Die Schilderungen spiegeln die Gefühle und die emotionalen Stimmungen der Betroffenen lebhaft wider und heben sich daher deutlich von den erklärenden technischen Texten ab.

Die komplexen Zusammenhänge rund um die Fliegerei in leicht verständlicher Weise zu beschreiben, war eine Herausforderung. Ich hoffe, es ist mir gelungen. In den Jahren der Vorbereitung habe ich versucht, möglichst praxisnah zu recherchieren. Hierzu durfte ich zahlreiche Flüge auf der Mittel- und Langstrecke als Gast im Cockpit verbringen, habe selber „Schnupperflugstunden" genommen und hatte die Möglichkeit, im Lufthansa-Aviation-Trainingcenter in Essen, das Training der Piloten in einem Full-Flight-Simulator eines Airbus A 320-200 mit zu erleben.

Die Idee zu diesem Buch entstand an einem kalten, verschneiten Dezembermorgen, auf dem internationalen Flughafen in Stuttgart. Ein Passagier, der kurz zuvor das Flugzeug betreten hatte, bekam eine Panikattacke und geriet dabei in Todesangst. Er handelte völlig unklug, ohne Sinn und Verstand, und wollte sich durch eine irrwitzige Idee wieder in „Sicherheit" bringen. Tatsächlich brachte er dabei sich und andere in große Gefahr. Dieser Zwischenfall hat mir dramatisch vor Augen geführt, wozu Menschen im Stande sind, wenn die Macht der Angst sie ergreift. Jener Morgen war die eigentliche Geburtsstunde dieses Buches.

Meine besondere Aufmerksamkeit gilt all denen, die mir lebhaft von ihren Flugängsten und ihren teils panischen Zuständen im Flugzeug erzählten.

Ich wünsche allen Leserinnen und Lesern, die von Flugangst geplagt sind und nun dieses Buch in Händen halten, dass die Lektüre Ihnen bei der Bewältigung Ihrer Ängste helfen wird.

Viel Erfolg bei Ihrem Vorhaben und viel Spaß beim Lesen.

Johannes Holzportz, 20.10. 2020

Kunstflug bei der ILA 2018 in Berlin. Am unteren Bildrand entfernen sich die beiden Flugzeuge. *(Foto: Holzportz)*

2 Einleitung

Der Traum vom Fliegen wurde bereits in der griechischen Mythologie beschrieben. In der Sage von Ikarus und seinem Vater Dädalus wird erzählt, wie die beiden mittels künstlicher Flügel aus Federn und Wachs aus ihrer Gefangenschaft von der Insel Kreta fliehen wollten. Leonardo da Vinci entwarf 1508 abstrus anmutende Fluggeräte mit beweglichen Schwingen. Albrecht Ludwig Berblinger wagte 1811 den Flug über die Donau. 1891 unternahm Otto Lilienthal Flugversuche mit einem selbst entworfenen Gleitflugzeug und die Brüder Wright entwickelten 1903 das erste steuerbare Motorflugzeug. Schließlich gelang Charles Lindbergh 1927 die erste Alleinüberquerung des Atlantiks von New York nach Paris.

Aus der Sehnsucht dieser Pioniere und Abenteurer die Schwerkraft zu überwinden und fliegen zu können, entstanden Fluggeräte, die zu hoch technisierten Flugzeugen weiterentwickelt und perfektioniert wurden. Sie zählen heute zu den sichersten Verkehrsmitteln der Welt. Trotzdem haben zahllose Menschen Flugangst. Diese Angst zu überwinden, darum geht es im vorliegenden Buch.

„Man braucht nichts im Leben zu fürchten,
man muss nur alles verstehen."

Marie Curie, Physikerin und Chemikerin

3 Start im Schneegestöber – Zwischenfall auf Sitz 5c

Den folgenden Zwischenfall habe ich auf dem internationalen Flughafen der Baden-Württembergischen Landeshauptstadt Stuttgart erlebt. Der Vorfall ist außergewöhnlich und daher erzählenswert. Von einer Nachahmung muss jedoch eindringlich abgeraten werden!

Es war ein anstrengender Tag und eine sehr kurze Nacht. Zu einem geschäftlichen Termin war ich am Vortag nach Stuttgart geflogen. Es ging um eine wichtige Auftragsvergabe. Besprechungen, Nachkalkulationen und die Überprüfung der technischen Alternativen beschäftigten meine Geschäftspartner und mich bis 3 Uhr nachts. Zeit zu schlafen hatte dabei niemand und mein gebuchtes Zimmer im Hotel, direkt am Stuttgarter Flughafen blieb ungenutzt. Einer meiner Kollegen brachte mich schließlich um 4 Uhr in der Früh direkt zum Terminal des Flughafens. Die Frühmaschine hatte ich bereits am Vorabend gebucht. Sie sollte planmäßig um 6 Uhr starten. Mittags hatte ich bereits den nächsten Termin in Düsseldorf. Danach wollte ich direkt in mein Büro nach Nideggen.

Ich war völlig übermüdet, als ich im Flughafenbus saß, der außer mir noch viele andere Menschen über das Vorfeld zur bereits wartenden Maschine bringen sollte. Es war noch dunkel an diesem Dezembermorgen. Die Beleuchtung der Gebäude, die Befeuerung der Startbahnen und die Lichter der Fahrzeuge verwandelten die gesamte Umgebung jedoch in eine hellwache, quirlige Metropole. Tausende Fluggäste warteten hier bereits auf Ihre Abreise und ebenso viele Menschen kümmerten sich um den reibungslosen Ablauf des Flughafenbetriebes. Bedienstete der Flugsicherung, das Personal an den Check-in Schaltern, die Zollbeamten, die

Mitarbeiter der Koffertransporte und der Tankfahrzeuge, die Reinigungskräfte, die medizinischen Teams der Krankenstation, die Arbeitsgruppen des Vorfeldes und die Piloten mit ihren Besatzungen. Alle waren schon seit Stunden auf den Beinen. – Ich auch.

Es war ein kalter Morgen. Schneeflocken wirbelten durch die Luft und im Transferbus liefen die Scheibenwischer ununterbrochen. Das Vorfeld war schon mit Schnee bedeckt, als mir eine krakenartige Enteisungsmaschine auffiel, die ein Flugzeug von Eis und Schnee befreite. Einige Meter weiter wurde eine Boeing 747, ein Jumbo, von einem Flugzeugschlepper aus der Parkposition geschoben, um danach eigenständig über das Vorfeld auf die Startbahn zu rollen.

Die meisten Flugzeuge wurden abgefertigt, damit sie pünktlich um 6 Uhr ihren Flugbetrieb aufzunehmen konnten. Einige wurden betankt, andere beladen und wieder andere standen noch verweist und dunkel in ihren Parkpositionen. Aber auch diese Maschinen würden in den nächsten Stunden abheben, um die verschiedensten Ziele auf der ganzen Welt anzusteuern. Genauso viele würden aber auch im gleichen Rhythmus hier auf diesem Flughafen wieder landen. Ein ständiges Kommen und Gehen, der Puls eines jeden Flughafens!

Der Bus hielt direkt vor der fahrbaren Fluggasttreppe am Bug der Maschine. Diszipliniert und ruhig verließen alle Passagiere den Shuttlebus. Frauen und Männer in dezent vornehmer Kleidung. Aktentaschen oder leichtes Handgepäck in der einen Hand und die Morgenzeitung in der anderen. Überwiegend waren es Geschäftsleute, die an diesem frühen Morgen das Flugzeug nach Düsseldorf betraten. Vielflieger, die mehrmals pro Monat diese bequeme und schnelle Reisemöglichkeit zwischen den Großstädten nutzten. Routinierte Fluggäste, die nichts, kein Sturm, kein Gewitter oder Turbulenzen aus der Ruhe bringen könnte. So jedenfalls war der Eindruck!

Ich stieg die Treppe zum Flugzeug hinauf. Der Schneefall hatte zugenommen. Ein unangenehmer, kalter Ostwind blies mir ins Gesicht, als ein freundlicher Flugbegleiter mir einen guten Morgen wünschte. Ich klopfte die Schneeflocken so gut es ging von meinem Mantel und betrat das Flugzeug.

„Möchten Sie ein Bonbon?", fragte eine Flugbegleiterin, die mir fröhlich entgegen lächelte, gerade so, als seien wir bei strahlendem Sonnenschein in der Karibik gelandet. Dankend nahm ich an und erhaschte einen Blick in das Cockpit, dessen Tür offenstand. Auf dem linken Platz saß der Flugkapitän und rechts der Co-Pilot. Beeindruckt sog ich den Anblick dieses faszinierenden Arbeitsplatzes in mich ein, bevor ich von den nachfolgenden Fluggästen weitergeschoben wurde.

Von hinten zwängte sich ein Mann mittleren Alters an mir vorbei und schob sich nervös in eine der ersten Sitzreihen. Seine schwarze Aktentasche umklammerte er wie einen frierenden Säugling und kauerte sich mit zugeknöpftem Wintermantel auf Sitz 5c direkt am Gang. Ich hörte, wie er von seinem Nachbarn, der bereits vor ihm den mittleren Platz eingenommen hatte, freundlich begrüßt wurde. „Guten Morgen Herr Kollege", sagte er, „bei diesem Wetter möchte eigentlich niemand aus dem Haus. Schön, dass Sie es trotz der verschneiten Straßen pünktlich zum Flieger geschafft haben." Auch der Herr am Fenster reichte ihm die Hand. „Guten Morgen. Dann wollen wir mal. Unsere Kunden in Düsseldorf warten bereits." Der Herr im Wintermantel hockte indes teilnahmslos auf seinem Sitz und umklammerte verkrampft die mitgebrachten Akten. Es hatte den Anschein, als nehme er von seinen Geschäftspartnern keinerlei Notiz.

Auf dem Weg zu meinem gebuchten Platz erinnerte ich mich an jenen Tag, als ich mit einem erfahrenen Fluglehrer eine Schnupperflugstunde in einem einmotorigen Sportflugzeug des kanadischen Herstellers Diamond Aircraft absolvieren durfte. Die Flugschule setzte die zweisitzige Katana DA 20 seinerzeit als

Trainingsflugzeug ein. Nach einer mehrstündigen theoretischen Einweisung überflogen wir bei sonnigem Wetter die Nordeifel. Der Fluglehrer übergab mir unmittelbar nach dem Start den Steuerknüppel mit den Worten: „You have Control". Ich durfte erleben, wie die Maschine gutmütig auf kleine Ruderausschläge reagierte, bei Erhöhung der Geschwindigkeit sofort steigen wollte und beim Drosseln des Motors in den Gleitflug überging. Meine anfängliche Unsicherheit wandelte sich schnell in pure Faszination. Zugegeben, beim Rückflug, kurz vor Erreichen des Flugplatzes übergab ich das Steuerhorn schweißnass aber voller Begeisterung meinem Fluglehrer, der die Maschine routiniert landete.

„Darf ich Ihr Handgepäck in die Ablage legen?", fragte eine freundliche Flugbegleiterin, als ich meinen gebuchten Platz erreichte. „Oh, vielen Dank." Aus meinen Gedanken gerissen, nahm ich am Gang Platz und schnallte mich an. Zu meiner Rechten saß ein gut gekleideter Herr mittleren Alters, der einen freundlichen Guten Morgen wünschte, sich sogleich aber wieder in seine Tageszeitung vertiefte. Der mittlere Platz blieb leer. Die Reisenden hatten ihre Sitze eingenommen, als die Durchsage des Kapitäns, einen der Passagiere völlig aus der Fassung brachte: „Guten Morgen meine Damen und Herren, ich heiße Sie an Bord des Fluges von Stuttgart nach Düsseldorf herzlich willkommen. Leider wird sich unser Start etwas verzögern, da in Düsseldorf heftiger Schneefall herrscht und die Start- und Landebahnen zunächst von Schnee und Eis befreit werden müssen. Wir danken Ihnen für Ihr Verständnis und wünschen Ihnen einen angenehmen Aufenthalt, hier an Bord."

Die Eingangstür stand noch offen, als es nach der Durchsage in den vorderen Sitzreihen unruhig wurde. Offensichtlich versuchten zwei Fluggäste einen in Panik geratenen Passagier zu beruhigen und ihn daran zu hindern, seinen Sitzplatz zu verlassen. Plötzlich war aus einer dominanten – aber dennoch zittrigen und ängstlichen Stimme zu hören: „Lassen Sie mich los, ich kann hier nicht mitfliegen, wir werden die Landung nicht überleben! Ich steige jetzt aus und komme mit dem Zug nach Düsseldorf."

Es war der gut gekleidete Herr vom Sitz 5c, der sich eben noch an mir vorbei gedrängt hatte, dabei seine Aktentasche panisch umklammerte, und die er auch jetzt – wo er die Flucht ergriff – um keinen Preis loslassen wollte. Es war der gut gekleidete Herr, der bis zur Durchsage des Kapitäns, apathisch mit zugeknöpftem Wintermantel auf seinem Sitzplatz kauerte.

Die Flugbegleiter waren wie gelähmt, als genau dieser Herr das Flugzeug fluchtartig durch die noch offene Bordtür verließ, und über das Vorfeld im Schneegestöber verschwand.

Mitarbeiter der Flughafensicherung ließen nicht lange auf sich warten. Sie waren über den ungeplanten Ausflug des verängstigten Passagiers sichtlich erbost.

Nach einiger Verzögerung startete die Maschine in Richtung Düsseldorf. Der Schneefall hatte zwischenzeitlich weiter zugenommen und meine Gedanken galten dem Herrn von Sitz 5c, der das Flugzeug in furchtbarer Panik verlassen hatte. Würde er sein Ziel, mit dem Taxi zum Bahnhof, von dort mit der Bahn, dann wieder mit dem Taxi zum vereinbarten Treffpunkt, bei heftigem Schneegestöber wirklich sicherer erreichen?

Im Landeanflug auf Düsseldorf konnte ich erkennen, dass das gesamte Gebiet tief verschneit war. Das Flugzeug setzte sicher auf, aber der verängstigte Herr aus Reihe 5 ging mir nicht mehr aus dem Kopf.

Sein Mut, trotz Flugangst, Panik und Überlebensängsten dennoch die Maschine zu betreten, war bemerkenswert. Die psychischen Qualen, die er auf sich genommen hatte, grenzten an Folter. Als die Furcht für ihn unerträglich wurde, brachen seine Gefühle aus und gerieten außer Kontrolle.

Menschen, die sich in akuter Gefahr befinden und Todesangst verspüren, folgen auch heute noch einem Jahrtausende alten Urinstinkt: Kämpfen oder fliehen. Der Herr vom Sitz 5c hatte sich für die Flucht entschieden!

Wie ihm ergeht es vielen Menschen die ein Flugzeug betreten. Lassen Sie uns daher einen Blick auf diese Leute werfen.

Flugangst *(Foto: Pixabay)*

4 Passagiere – solche und solche

Ein großer Teil der Deutschen empfindet Unbehagen, wenn es um das Thema Fliegen geht. Viele Menschen haben aus diesem Grund noch nie ein Flugzeug betreten. Die statistischen Zahlen zur Frage, wie viele Menschen sich in einem Flugzeug uneingeschränkt wohlfühlen, wie viele ein mulmiges Gefühl haben oder sogar unter ausgeprägter Flugangst leiden, schwanken sehr.

Von krasser Flugangst mit quälenden Symptomen sind gelegentliche Urlaubsreisende genauso betroffen, wie berufsmäßige Vielflieger. Diese Menschen betreten nur unter schweren Angstzuständen ein Flugzeug. Der Gedanke an den drohenden Absturz löst in ihnen Angst und Panik aus. Die lähmende Furcht, in diesen lebensfeindlichen Sphären ausgeliefert zu sein und selber nicht eingreifen zu können, versetzt die unter Aviophobie (Flugangst) leidenden Menschen in verzweifelte Not. Beklemmung, feuchte Hände, Herzrasen, Atemnot, Zittern und Schwitzen sind die typischen Symptome. Manche weinen und einige möchten fliehen, bevor die Eingangstüren geschlossen werden. Kein Urlaub kann in diesen Momenten so wichtig sein, kein Strand so schön und keine Sonne so warm, als dass diese Angst für die Betroffenen gerechtfertigt wäre. Auch berichten die Angstgeplagten, dass sie die Flugbegleiter nicht aus den Augen lassen, deren Mimik genau studieren, um daraus scheinbar gefährliche Situationen von Harmlosen unterscheiden zu können. Die verkrampfte Haltung, die angstvollen Augen, Schweißränder an der Kleidung und zitternde Hände zeigen dem aufmerksamen Beobachter das Ausmaß der Leiden, die diese Menschen in solchen Augenblicken quälen. Für viele Passagiere stellt die Stimme des Piloten, der sich über Lautsprecher an seine Passagiere wendet, den einzig beruhigenden Augenblick des gesamten Fluges dar. Nur leider – und das zeigt meine Erfahrung –

sprechen die meisten Piloten viel zu leise und viel zu schnell, als dass man ihren Worten folgen könnte.

In dem gleichen Flugzeug sitzen aber auch Menschen, vermeintlich lässige Vielflieger, die sich unmittelbar nach dem Boarding in eine riesige Tageszeitung vergraben und scheinbar das politische Geschehen in sich aufsaugen. Oftmals handelt es sich dabei aber um Menschen, die bis zur Landung nichts anderes im Sinn haben, als sich durch die Zeitung abzulenken. Nach der Landung greifen sie eilig zum Handgepäck und warten im Gang des Flugzeuges auf den ersehnten Ausstieg. Auch sie leiden unter Panikattacken, Phobien oder Angst. Sie haben lediglich eine andere Art, damit umzugehen.

Natürlich gibt es auch Fluggäste, die das Betreten des Fliegers völlig gedankenlos hinnehmen, innerlich bereits am Urlaubsziel oder beim Geschäftspartner sind und die Reisezeit zur Entspannung nutzen. Sie lassen keinerlei Gedanken der Angst zu und empfinden auch tatsächlich keine. Sie haben zum Flugzeug und dessen Technik das gleiche Vertrauen, wie zum Automobil, dem Bus oder der Bahn.

Leider, und dass muss an dieser Stelle erwähnt werden, gibt es auch Reisende, denen sämtliche Manieren abhandengekommen sind. Müll, Speisereste und Zeitungen, die sich unter den Sitzen wiederfinden, sind keine Seltenheit. Mitunter wird sogar das Kabinenpersonal angepöbelt oder man widersetzt sich deren Anweisungen. Am Boden kann der Kapitän Randalierer des Fliegers verweisen. In der Luft gestaltet sich das Verlassen der Maschine leider etwas schwieriger. Woher die Zunahme des schlechten Benehmens an Bord herrührt, darüber kann nur spekuliert werden.

Zu einer letzten Gruppe gehören die Passagiere, die von der ausgereiften Technik der Flugzeuge überzeugt sind, Vertrauen in die Erfahrung der Piloten, der Ingenieure und dem Wartungspersonal haben. Das sind die Menschen, die fasziniert in dieses Fortbewegungsmittel einsteigen und sich freuen, gleich vom Boden abzuheben, zu fliegen und dabei einen Perspektivwechsel zu erleben, der der Menschheit lange vorenthalten war. Es sind Fluggäste, die es genießen können, wie sich auf dem Weg nach oben die Sicht auf die Erde mit jedem Meter verändert und wie die unendliche Weite zur Grenzenlosigkeit wird. Es sind jene, die im Zuge einer Urlaubs- oder Geschäftsreise gelassen und entspannt riesige Strecken in kürzester Zeit hinter sich lassen. Und sie haben recht mit ihrem Vertrauen in die Technik und die Piloten, wie auch ein Blick in die Statistik zeigt.

5 Jede Sekunde ein Start – wie im Taubenschlag

Unterschiedliche statistische Dienste veröffentlichen an jedem Jahresende ihre Flugunfallbilanzen. Übereinstimmend wird dabei festgestellt, dass das Sicherheitsniveau im weltweiten Flugverkehr weiter steigt, und dass die Zahl der Flugunfälle tendenziell abnimmt. Nach einer Veröffentlichung des Handelsblattes vom 25.02.2018 gab es in 2017 weltweit lediglich sechs größere Luftfahrtunfälle mit insgesamt 19 Todesopfern.

(*) Im Jahr 2017 waren mit rund 41,8 Millionen Flügen, etwa 4,1 Milliarden Passagiere weltweit in der Luft. Rechnerisch passierte nach Angabe der IATA nur ein Unfall pro 8,7 Millionen Flügen.
(* Quelle: Handelsblatt, 25.02.2018)

Mit null Todesopfern war nach Angaben des Bundesverbandes der deutschen Luftverkehrswirtschaft 2019 das sicherste Jahr der zivilen Luftfahrt im Bereich der Europäischen Union. Militärflugzeuge und Maschinen mit weniger als 14 Sitzen werden dabei von der Statistik nicht erfasst.

Stellen wir die weltweiten Zahlen aus 2017 einmal gegenüber:
  41.800.000   (41,8 Millionen) Flüge pro Jahr,
  4.100.000.000 (4,1 Milliarden) Passagiere pro Jahr,
  19   Todesopfer

Nach diesen Zahlen lässt sich leicht umrechnen, dass bei 41,8 Millionen Flügen pro Jahr, weltweit mindestens eine Maschine pro Sekunde startet und eine pro Sekunde landet. Jeden Tag, rund um die Uhr!

Stellen Sie sich eine helle Vollmondnacht vor. Der Abstand zwischen dem Mond und unserer Erde beträgt 384.400 Kilometer bzw. 384.400.000 Meter (384,4 Millionen Meter). In sternenklarer Nacht formiert sich die Menschenkette aller Fluggäste aus dem Jahr 2017. Genau genommen waren es 4.100.000.000 (4,1 Milliarden) Passagiere. Alle fassen sich an die Hände und machen sich in Richtung Mond auf den Weg. Der Abstand von Hand zu Hand beträgt 1,80 Meter. Unsere Menschenkette würde 19,2-mal bis zum Mond reichen! Durch Flugunfälle starben im gleichen Jahr, 19 Passagiere. Die Menschenkette der getöteten Fluggäste würde also gerade einmal von der vorderen Spitze eines Airbus A320 bis zur Heckflosse reichen.

Beim gesamten Flugaufkommen dieser Erde müsste ein Passagierflugzeug schätzungsweise 50.000-mal um den Globus fliegen, um einen Absturz zu erleben. Der Erdumfang am Äquator beträgt rund 40.000 Kilometer. Bei 50.000 Umrundungen entspricht das einer zurückgelegten Strecke von 2.000.000.000 Kilometer. In Worten wird es deutlicher. Ein Flugzeug muss zweitausend Millionen Kilometer – oder noch anders ausgedrückt, zwei Milliarden Kilometer in der Luft zurücklegen, ehe es Gefahr läuft, einen Absturz zu erleben! Die Unfallstatistik im Straßenverkehr sieht dagegen eher ernüchternd aus!

(*) 2019 wurden bei Unfällen mit Motorrädern 619 Menschen getötet. *(* Quelle: Statista)*

(**) Laut Statistischem Bundesamt wurden im Jahr 2016 in der Bundesrepublik 399.872 Personen im Straßenverkehr verletzt. Davon 3.206 mit tödlichem Ausgang, 67.426 Personen wurden schwer und 329.240 leicht verletzt. Im Jahr 2018 starben in Deutschland 3.300 Menschen im Straßenverkehr und im Jahr 2019 waren es 3059, die getötet wurden.
*(** Quelle: Statistisches Bundesamt 25.02.2018)*

Noch einmal zur Erinnerung: 2017 mussten bei Flugunfällen weltweit 19 Todesopfer beklagt werden. 2019 gab es nach Angaben des Bundesverbandes der deutschen Luftverkehrswirtschaft innerhalb der Europäischen Union keinen einzigen Todesfall im zivilen Luftverkehr. Die Autofahrt zum Flughafen ist statistisch gesehen also deutlich gefährlicher als der Flug selbst.

Ich weiß! Mit Statistiken alleine kann man die Flugangst nicht besiegen, aber jeder sollte sich die Zahlen und Fakten dann und wann vor Augen führen.

6 Im Cockpit von Frankfurt nach Addis Abeba

Es war der zwanzigste Oktober, ein Samstag, als ich um 7 Uhr in der Früh nach Frankfurt aufbrach, um den geplanten Flug in die äthiopische Hauptstadt Addis Abeba anzutreten. Es war mein erster Flug im Cockpit, dem noch viele folgen sollten. Sie führten mich unter anderem nach Boston, New York, Nizza, Thessaloniki, Dubai, aber auch nach Doha, der Hauptstadt von Katar und nach Muscat, dem Regierungssitz des Omans.

Die Beantragung der offiziellen Erlaubnis zum Mitflug im Cockpit war aufwendig. Nun lag sie aber vor und eröffnete mir für den Flug 598 den Weg ins Cockpit eines vierstrahligen Airbus A340-300. Der gesamte Umlauf dauerte vier Tage.

Die komplexen Abläufe, vom ersten Check, der Betankung, dem Anlassen der Triebwerke, dem Augenblick, in dem das Flugzeug von seiner Parkposition zurückgeschoben wurde, schließlich eigenständig über den Taxiway zur Startbahn rollte, die Phasen des Starts und der Landung, aber auch die vielen Stunden während des Reisefluges, konnte ich hautnah auf dem besten Sitzplatz, dem dritten Platz im Cockpit, miterleben. Dieser Platz befindet sich zwischen Kapitän und Co-Pilot, nach hinten versetzt. Er ist erhöht und in alle Richtungen drehbar. Bei Ultralangstreckenflügen wird er vom dritten Piloten und bei Ausbildungsflügen vom Fluglehrer genutzt. Daher trägt er den Namen Observer Seat (Beobachtungssitz) oder Jumpseat (Klappsitz). Dieser Sitz bietet den ungestörten Überblick über das gesamte Cockpit, beinahe über alle Instrumente sowie die vorderen und seitlichen Fenster. Von dort aus kann jeder Handgriff der fliegenden Besatzung mitverfolgt werden.

Cockpit eines vierstrahligen Airbus A340-300   *(Foto: Holzportz)*

Die Eindrücke und Erfahrungen dieses und der vielen anderen Flüge im Cockpit komplettierten meine Recherchen zum vorliegenden Buch. In den mehr als sechzehn Flugstunden für Hin- und Rückreise, zwischen Frankfurt und dem Bole International Airport in Äthiopien, konnte ich dem Kapitän und seinem ersten Offizier über die Schulter schauen. Sie lernten sich erstmalig beim Briefing kennen. Das Zusammenspiel beider Piloten, die Ruhe und Gelassenheit aber auch die konzentrierte Arbeitsweise beeindruckten mich zutiefst. Beide gaben mir das Gefühl von absoluter Sicherheit. Mit viel Erfahrung und Routine aber auch mit unglaublicher Disziplin verrichteten sie Ihre Arbeit.

Der Langstreckenflug führte uns über die Schweiz nach Italien. Wir überflogen Sizilien und erreichten schließlich die Nordküste Afrikas. Nach Überquerung des riesigen Wüstenstaates Libyen ging es

Richtung Ägypten. Dort flogen wir den Nil entlang nach Süden, in den Sudan, an Eritrea vorbei, bis nach Äthiopien. Auf dem Flug nach Afrika erlebten wir kleine Turbulenzen und beobachteten ein starkes Gewitter bei Nacht, welches von der Cockpitbesatzung weiträumig umflogen wurde.

Alle, für den Landeanflug relevanten Fakten wurden vor Beginn des Sinkfluges besprochen. In unserem Fall hatte der Co-Pilot die Kontrolle über den vierstrahligen Airbus A340-300. Eine Besonderheit ist für diesen Flughafen unumstritten erwähnenswert: Addis Abeba erstreckt sich flächenmäßig über eine Höhe, die zwischen 2.200 und 3.000 Meter über dem Meeresspiegel liegt. Die Stadt liegt am Fuße der Entoto Berge und ist, hinter der ecuadorianischen Stadt Quito und La Paz, der Hauptstadt Boliviens, die dritthöchst gelegene Hauptstadt der Welt. Die Landung auf dem in 2.334 Meter hoch gelegenen Flughafen, ist aufgrund der Höhenverhältnisse und dem damit verbundenen niedrigen Luftdruck recht anspruchsvoll. Flugzeuge müssen den Platz mit hoher Geschwindigkeit anfliegen, damit, bedingt durch die dünne Luft, der dynamischen Auftrieb an den Tragflächen erhalten bleibt. Die Piloten passen dabei auch den Kabinendruck entsprechend so an, dass er bei der Landung den äußeren Verhältnissen entspricht. Die hohe Lage des Flughafens wirkt sich grundsätzlich auch auf den Startvorgang aus. Neben dem verminderten Auftrieb ist auch die Leistung der Triebwerke geringer. Dies hat zur Folge, dass eine längere Startbahn zur Verfügung stehen muss, um die nötige Abhebegeschwindigkeit zu erreichen.

Nach unzähligen Warteschleifen führte der Co-Pilot die Maschine sicher zur Landebahn und setzte sanft auf. Als wir den Boden des afrikanischen Kontinents berührten, lagen mehr als acht Stunden Flugzeit hinter uns.

Kurz nach unserer Landung wurde die Maschine von einer neuen, ausgeruhten Crew übernommen. Komplett ausgebucht, hob das Flugzeug nach etwa 2 Stunden wieder in Richtung Frankfurt ab. Für das Team um unseren Kapitän begann nun die vorgeschriebene Pause. Bis zu unserem Rückflug, der erst einige Tage später stattfinden sollte, hatten wir Zeit, Land und Leute ein wenig kennenzulernen.

Als ich in dieser Nacht zusammen mit den anderen Passagieren die Maschine verließ, war das Flughafengebäude mit Menschen regelrecht verstopft. Quirlige Hektik paarte sich mit geduldig wartenden Menschen in endlosen Schlangen an den Abfertigungsschaltern. Die bunte Vielfalt war beeindruckend. Menschen aller Hautfarben und Sprachen waren in traditionell afrikanischer Kleidung oder in europäischer Garderobe unterwegs.

In einem kleinen, stickigen Raum erhielt ich meine Einreisepapiere. Nachdem ich endlich die Zollkontrolle passiert hatte, wartete die gesamte Crew bereits an der Gepäckausgabe. Als wir in tiefer Dunkelheit das Flughafengebäude verließen, war es schwülwarm. Auf dem Weg zu unserem Crewbus säumten zahllose Bettlerinnen mit ihren Kleinkindern und Säuglingen den Weg. Sie prägten das Straßenbild und ließen erahnen, wie groß die Armut in diesem Land sein mochte.

Es war Mitternacht in Addis Abeba!

Alle 3,38 Millionen Einwohner dieser ostafrikanischen Metropole schienen in dieser Nacht auf den Beinen zu sein. Nach kurzer Fahrzeit bog unser Bus in den streng gesicherten Bereich unseres Hotels ein. Hier trafen wir eine vollkommen andere Welt an, als wir sie noch vor wenigen Minuten, dort draußen, jenseits der Mauern des Hotelgeländes erlebt hatten. Automobile der Preisklassen ab einhunderttausend Euro füllten den Parkplatz der Nobelherberge. Die Empfangshalle, mit feinstem Marmor ausgekleidet, versprühte den Charme von Reichtum und Luxus. Draußen, vor diesen Mauern starben die Menschen auf den Straßen.

In den folgenden Tagen erlebten wir die berauschende Schönheit des Hochlandes mit seiner vielfältigen Tierwelt. Wir beobachteten unzählige Blutbrustpaviane. Der Dschelada-Pavian ist durch seinen roten, haarlosen Fleck, ähnlich einer blutenden Brust gekennzeichnet. Dieses Merkmal hat ihm seinen Namen gegeben. Die extrem seltene Primatenart ist ausschließlich im Hochland Äthiopiens beheimatet und leider vom Aussterben bedroht. Wir besuchten das Kloster der Stadt Debre Libanos, eines der bedeutendsten Klöster des Landes sowie den Palast des Kaisers Menelik. Wir begegneten den freundlichen und hübschen Menschen, die am Rande der atemberaubenden Schluchten des blauen Nils leben. Die gigantischen Wassermassen des längsten Flusses der Erde haben sich über Jahrtausende tief in das Land eingegraben. Vom Tal Jimma erreichten wir die Portugiesische Brücke mit einem schier unglaublichen Blick in die Schlucht des blauen Nils. Der Pfad, der uns zur Brücke führte, war von wilden Affen gesäumt, die friedlich in der Sonne dösten.

Äthiopien, ein schönes Land, aber auch ein Land, deren Bevölkerungsschichten nicht unterschiedlicher sein könnten. Wir besuchten ein Kinderheim, deren Eindrücke für immer unvergessen bleiben. Wir erlebten die beispiellose Kluft zwischen Arm und Reich, zwischen prächtigen Luxushotels und armseligen Hütten aus Blech und Plastikfolie. Wir erlebten Kinder, die auf den kargen Weiden ihre Tiere hüteten und sahen Frauen, die auf ihren Rücken riesige Mengen Feuerholz ins Dorf schleppten. Aber wir verinnerlichten auch die atemberaubenden Landschaften, die Schönheit der Natur und die Anmut der einheimischen Bevölkerung.

Der Rückflug bescherte uns dann ein Naturspektakel der besonderen Art, denn in der Nacht erlebten wir ein Gewitter für Genießer. In Reiseflughöhe, bei etwa zwölftausend Meter, konnten wir züngelnde Blitze aus einer Gewitterfront, direkt vor uns beobachten. Der Himmel und die Wolken waren taghell erleuchtet. Fingerartig verästelte Blitze schossen wie Pfeile nach unten und zur Seite. Wir erlebten ein äußerst seltenes Phänomen. Blitze entluden sich nach oben, in die Weiten der Atmosphäre. Diese sogenannten Kobolde oder Spirits können eine Höhe von bis zu einhundert Kilometer erreichen. Auch dieses Gewitter umflogen wir mit ausreichendem Abstand. Die Piloten versicherten, dass auch hier zu keinem Zeitpunkt eine Gefahr für die Passagiere oder das Flugzeug bestanden habe.

Die Zeit in Äthiopien war faszinierend schön und bedrückend zugleich.

7 Urlaubsträume – Swens Geschichte

Das folgende Kapitel erzählt den ersten Teil einer Geschichte, die aus der Sammlung zahlreicher Schilderungen von Menschen mit Flugangst entstanden ist. Sie beschreibt ihre Leiden, fasst zusammen, wie sie ihre Furcht erleben – und zeichnet ihre Ängste nach. Vielleicht auch Ihre! Es ist jedoch nur eine Geschichte – eine Geschichte von vielen! Dem Protagonisten (denn Flugangst ist für die Betroffenen ein Drama) habe ich den Namen „Swen" – und der Antagonistin, Swens Ehefrau, den Namen „Julia" gegeben.

Die Familie drängt: Die Kinder möchten ans Meer, endlich einmal dem tristen Grau entfliehen, den Strand und die Sonne genießen. „Ach bitte Papi, lasst uns im nächsten Sommer endlich noch einmal in den Urlaub fliegen."

In Swens Ohren dröhnen die Worte wie ein tobendes Gewitter und während sich in seinem Körper die Flugangst krampfartig ausbreitet, flüstert Julia: „Swen, eigentlich haben die Kinder ja recht."

Das Wetter ist kalt und regnerisch. Weihnachten steht vor der Tür. Die Tage sind kurz und düster. Der Gedanke an die Sonne lässt Fiktionen von kristallklarem Wasser, stahlblauem Himmel, goldgelbem Sand und gemütlichen Tavernen aufkommen. Gedanken, die die Flugangst erst einmal wieder verdrängen.

„Kinder! Papa hat ja gesagt. In den Sommerferien fliegen wir in den Urlaub. Versprochen!"

Schnell durchforstet Julia das Internet nach günstigen Sommerflügen. Das Reisebüro um die Ecke wird aufgesucht und mit

Angeboten aus Zeitschriften verglichen. Einzig wichtig: Die Flugdauer darf nicht zu lang sein.

Die freundliche Dame im Reisebüro hat Swen und Julia überzeugt. Ein wunderschönes Hotel, direkt am Strand, mit großer Poollandschaft, die in einen reizvollen Hotelgarten eingebettet ist. Endlich Sommerurlaub!

„Kinder, wir haben gebucht!"

Die Freude ist groß und Julia schwärmt: „Swen, wir machen es wie all unsere Freunde. Wir fliegen in den Urlaub. Kein Stress und keine Hektik auf den Autobahnen, keine Staus und endlich noch einmal Sonne satt." Die Reiseunterlagen werden erst einmal in die Schublade gelegt. Für Swen ist alles noch weit, weit weg. Kein Gedanke trübt die Vorfreude und selbst die Angst scheint Nebensache zu sein.

Der Frühling hat Julia, Swen und die Kinder reichlich mit Sonne beschert. Die Sommerferien beginnen in einer Woche. Mit schleichender Grausamkeit rückt für Swen der gebuchte Urlaub nun in greifbare Nähe. Unabänderlich! „Julia, warum bleiben wir nicht einfach hier. Die Sonne scheint, es ist warm und wir haben unser gemütliches Zuhause! Die Hotels sind anonym, viel zu voll und ungastlich. Hier sind unsere Freunde und ein Urlaub in den Bergen ist sowieso viel schöner. Wir könnten mit dem Auto anreisen und wären wesentlich mobiler." Julia lächelt, streicht Swen sanft übers Haar und geht hinaus in den Garten.

Nur noch vier Tage bis zum Abflug! Die Familie ist gut gelaunt und freut sich auf den Urlaub. – Swen geht es schlecht. Er schläft nicht mehr, hat Herzstiche, ihm ist speiübel und seine Verdauung zeigt ihm, wo es langgeht. Zwar liegen die Koffer immer noch auf dem Dachboden, aber die Zeit bis zum Abflug läuft. – Unaufhörlich! Swens Angstzustände nehmen zu: Schwitzen, Zittern und Herzrasen dominieren seinen Tag.

Noch ein Tag bis zum Abflug! Das Reisegepäck steht in der Diele und Swen hat Angst. Seinen Zustand kann er nicht mehr beschreiben. Alles rückgängig machen, nein, das geht nicht. Seine Gedanken drehen sich im Kreis und in seinem Kopf hämmert der Puls wie Faustschläge. Beim Gedanken an den Rückflug verschlimmert sich sein Zustand dramatisch. Eigentlich will er doch gar nicht weg. Aber er muss, er hat es Julia und den Kindern versprochen.

Scheinbar dem Sterben nahe, steht Swen am letzten Morgen seines bisher unbeschwerten Lebens unter der Dusche. Der Flieger geht in fünf Stunden. Er hat resigniert. Nun ist alles egal. Er will nicht mehr leiden. Völlig teilnahmslos sitzt er auf dem Beifahrersitz. Depressionen überlagern die Angst. Ihm ist furchtbar übel. Er ist wütend, denn offensichtlich scheint der ganzen Welt sein Zustand egal zu sein.

Parkhaus P 3

Julia, Swen und die Kinder steigen aus dem Auto und nehmen das Gepäck aus dem Kofferraum. Swen fühlt sich schwach. Alle Stimmen um ihn herum erscheinen dumpf und weit weg. Er trottet seiner Familie geistesabwesend hinterher. Ihr Weg führt sie an Taxiständen und Stellflächen für Kurzzeit Parker vorbei. Die lange Gebäudereihe scheint unendlich. Swen konzentriert sich auf die vielen Schilder, die sich über den großen Eingangstüren befinden und hofft dabei inständig, dass ihr Gate dabei nicht auftaucht, dass sie sich verlaufen haben und dadurch ihren Flug verpassen werden. Swen flucht leise in sich hinein, als er das Schild liest: Terminal 1, Abflug. Zielstrebig schlägt Julia den Weg dorthin ein und vor ihr öffnet sich unaufgefordert die schwere Glastür. Jeder Schritt ist für Swen eine Qual und es fällt ihm immer schwerer, mit seiner Familie Schritt zu halten. Seine inneren Schreie, ihn nicht alleine zu lassen, verhallen im Nichts. Das Klappern der vielen Trolleys, die Stimmen der Menschen, die Lautsprecherdurchsagen und die hektische Betriebsamkeit vermischen sich in seinem Kopf wie pürierte Smoothies. Julia scheint ihn vergessen zu haben. Sie steuert ohne

Umweg auf eine Reihe mit vielen nebeneinanderliegenden Abfertigungsschaltern zu. Hinter den Tresen sitzen Frauen und Männer in schicken Uniformen und nehmen unentwegt Koffer in Empfang. Reihen aus Absperrbändern weisen die Wege zu den einzelnen Schaltern. Julia reiht sich geschickt in die Schlange ein, in der die wenigsten Menschen warten. Endlich bekommt Swen wieder die Chance, seine Familie einzuholen. Mit wackeligen Knien steht er nun hinter seinen Kindern. Vorne am Schalter ist die Aufschrift zu lesen: Check-in. Die Passagiere, die gehorsam zwischen den Absperrbändern warten und sich Schritt für Schritt den Abfertigungsschaltern nähern, vergleicht er mit einer geprügelten Viehherde, die zur Schlachtbank geführt wird. Und genau so fühlt er sich auch. Als sie endlich vorne angekommen sind, legt Julia die Pässe auf den Tresen. Nach kurzer Prüfung kann sie die Dokumente wieder in ihre Tasche stecken. Danach geht alles sehr schnell. Julia hievt die Koffer auf das Transportband. Dort werden Sie gewogen, mit einem selbstklebenden Scannerstreifen versehen und über Förderbänder zum Flugzeug transportiert. Die Dame hinter dem Tresen übergibt Swen die Bordkarten, erklärt kurz den Weg zum Gate, nennt die Boardingzeit und verabschiedet sich von der Familie.

Die Kinder haben Julias Hand ergriffen und Swen fühlt sich wieder alleine und unverstanden. Der Weg führt sie nun geradewegs zur Sicherheitskontrolle. Er versucht, sich mit seiner Situation abzufinden. Brav zieht er seinen Gürtel aus den Hosenschlaufen, legt Uhr, Geldbörse und Smartphone in die graue Kunststoffkiste, durchsucht noch einmal seine Hosentaschen nach metallischen Gegenständen und wartet. Julia ist die Erste, die den Körperscanner betritt. Swen ist verunsichert, weil er die Sicherheitskontrolle mittels bildgebenden Verfahrens und der Darstellung des gesamten Körpers nur aus der Presse kennt. Er beobachtet, wie Julia breitbeinig, beide Arme hoch über den Kopf hebend, in dem Gerät steht, dass nach zwei Seiten hin offen ist. Dabei erinnert er sich, dass diese Maschinen auch Nacktscanner genannt werden, und denkt darüber nach, dass genau in diesem Augenblick irgendein fremder

Mensch seine Julia hüllenlos beäugt. Nach einem kurzen Moment verlässt sie die Kammer. Die Kinder betrachten die Kontrolle lediglich als spaßige Zwischeneinlage. Swen hingegen ist aufgeregt. Er folgt gehörig den Anweisungen des Sicherheitspersonals. Als er die Apparatur wieder verlässt, wagt er einen Blick auf den Bildschirm. Kein körperliches oder anatomisches Detail ist erkennbar. Er sieht lediglich ein Strichmännchen und muss schmunzeln.

8 Wissen vertreibt die Angst

Flugangst gehört zu einer der am meisten verbreiteten Ängste unserer zivilisierten Bevölkerung. Man geht davon aus, dass nahezu jeder zweite Passagier, der ein Flugzeug betritt, eine leichte Furcht mitbringt oder sich zumindest unwohl fühlt. Besonders schade ist, dass die Flugangst, auch Aviophobie genannt, wie ein gebrochener Fuß den Aktionsradius der betroffenen Menschen einengt. Urlaubsreisen beschränken sich auf Orte, die mit dem Auto oder Zug erreichbar sind. Traumstrände bleiben unerreichbar, Dienstreisen werden zum Problem.

Die Zahlen der Statistiken schwanken jedoch extrem. Nach einer Umfrage aus dem Jahr 2008 haben laut Spiegel Online fast 45 Prozent aller Frauen in Deutschland Flugangst. Bei den Männern sind es gut 25 Prozent. Nach dem Ergebnis dieser Studie setzt die Furcht der meisten Männer bereits zum Zeitpunkt der Buchung ein. Bei dem überwiegenden Teil der Frauen kommt die Panik erst am Abflugtag.

Auch Kinder können Angst vor dem Fliegen haben. Aber woher kommt deren Angst und was kann man dagegen tun? Es gibt mehrere Ursachen für die Furcht der Kleinen im Flugzeug. Zum einen können Kinder die Angst eines Elternteils übernommen haben oder der letzte Flug blieb wegen eines unschönen Erlebnisses in schlechter Erinnerung. Vielleicht mussten sie zu lange angeschnallt sitzen bleiben. Möglicherweise konnten sie nicht rechtzeitig die Toilette aufsuchen, weil die Schlange zu lang war oder das Spielen mit ihrem Gameboy wurde aus sicherheitstechnischen Gründen untersagt. Sie sollten die Angst Ihrer Kinder ernst nehmen, ihnen viel Aufmerksamkeit schenken, sie ablenken und den Flug mit etwas Positivem verbinden.

Aviophobie verschwindet nicht einfach so. Um sie zu bewältigen, muss jeder selbst aktiv werden. Viele Veröffentlichungen beschäftigen sich mit Lösungsansätzen wie Selbsthypnose, autogenem Training, Konzentrationsübungen, Ablenkungstaktiken und vielem mehr, um die Furcht vor dem Fliegen zu überwinden. Je nach Typ und charakterlicher Veranlagung können diese Methoden durchaus hilfreich und von Erfolg gekrönt sein.

Der Hauptansatz dieses Buches liegt jedoch in der Vermittlung von Wissen über die Hintergründe der Fliegerei. Es ist ein Versuch, durch Aufklärung Vertrauen zu schaffen und über diese Ebene die Angst zu überwinden. Ich werde grundlegend erklären, warum ein Flugzeug fliegt. Sie werden etwas über die technischen und physikalischen Hintergründe erfahren. Ich werde informieren, wie sorgfältig das fliegende und natürlich auch das Bodenpersonal mit jedem Flugzeug, mit jedem Start und jeder Landung umgeht. Ich möchte Vertrauen schaffen. Vertrauen zur Technik und einem Fortbewegungsmittel, das zu den Sichersten der Welt zählt. Nehmen Sie sich Zeit, auch die technischen Texte zu lesen. Sie sind leicht verständlich geschrieben und tragen am Schluss zum Gesamtverständnis des komplexen Themas Fliegen erheblich bei.

Sie werden erfahren, weshalb bei unterschiedlichen Flugbewegungen, beim Start, der Landung oder dem Kurvenflug, die verschiedensten Geräusche hörbar sind. Sie werden begreifen, warum der Flug durch die Wolken manchmal unruhig ist und dass es auf zehntausend Meter Höhe keinen Vogelschlag geben kann. Sie werden zu der Erkenntnis gelangen, dass es definitiv keine Luftlöcher gibt und ein turbulenter Flug zwar unangenehm ist, aber trotzdem keine Bedrohung für das Flugzeug darstellt. Es wird erklärt, dass Tragflächen für höchste Belastungen ausgelegt sind, und nicht einfach abbrechen. Sie werden mir glauben, dass ein Super Jet bei abgeschalteten Triebwerken nicht vom Himmel fällt, sondern wie ein Segelflugzeug durch die Luft gleitet, und auch dann noch sicher gelandet werden kann.

Dieses Grundwissen soll helfen, den Flug zu verstehen und die Angst zu verlieren, damit Sie zukünftig ein Flugzeug voller Vertrauen und Sachverstand betreten und den Flug entspannt genießen können.

Verstehen heißt vertrauen. Vertrauen heißt genießen und wenn Sie das Fliegen genießen können, wird für Sie die Welt kleiner werden und die Länder enger zusammenrücken.

Es bedarf keiner Erklärung, warum sich Menschen und Tiere auf der Erde fortbewegen können. Der feste Untergrund gibt uns halt. Wir stehen auf dem Boden und bewegen uns wie selbstverständlich. Niemand denkt darüber nach.

Was aber, wenn über Nacht der Winter einbricht und eine hohe Schneedecke die Erde überzieht? Menschen und Tiere versinken in der weißen Pracht. Die Fortbewegung fällt schwer. Gegenüber dem festen Untergrund muss erheblich mehr Kraft aufgewendet werden, um von „a" nach „b" zu gelangen. In schneereichen Gebieten nutzen Menschen die unterschiedlichsten Hilfsmittel: Schneeschuhe, Motorschlitten, Snowboard oder Skier. Sie machen die Fortbewegung im Tiefschnee oftmals erst möglich. Eines haben alle Hilfen jedoch gemeinsam. Eine künstliche Fläche unter den Schuhen verhindert das Versinken im weichen Schnee. Es ist eine Fläche, die trägt. Eine Tragfläche.

Wasser besteht im Wesentlichen aus Wasserstoff, Sauerstoff und je nach Herkunft aus unterschiedlichen Salzen und deren Ionen. Nichtschwimmer haben naturgemäß Angst, sich im Wasser aufzuhalten. Verständlich! Gerieten sie in tiefere Zonen, so würden sie unweigerlich ertrinken. Für geübte Schwimmer ist diese Furcht nicht nachvollziehbar. Es geht letztendlich immer nur darum, dem Körper, durch die richtige Lage im Wasser, verbunden mit permanenter Bewegung, den nötigen Auftrieb zu verschaffen.

Um weite Strecken auf dem Wasser zurücklegen zu können, bedienen wir uns eines Bootes. Kaum jemand wird die Schwimmfähigkeit eines Schiffes infrage stellen. Selbst bei unruhiger See, wenn die Gicht über den Bug peitscht, denken die wenigsten an den drohenden Untergang. Das Wasser und die Wellen sind sichtbar und fühlbar. Das Schiff bewegt sich in deren Rhythmus, auf und ab. Dieser Umstand lässt niemanden daran zweifeln, dass Ozeanriesen von gigantischem Ausmaß vom Wasser getragen werden.

Alle bisher beschriebenen Elemente können wir sehen, ertasten und schmecken. Erde, Schnee und Wasser haben eine Konsistenz, die leicht begreifbar ist. Reine Luft hingegen ist unsichtbar. Scheinbar bietet sie bei menschlichen Bewegungsabläufen keinen nennenswerten Widerstand. Dabei sind die Strömungseigenschaften von Luft, denen von Wasser sehr ähnlich.

Betrachten wir uns die Umgebungsluft etwas genauer, dann stellen wir fest, dass sie im Wesentlichen aus Stickstoff, Distickstofoxid, Sauerstoff, Kohlendioxid, Neon, Helium, Argon, Krypton, Wasserstoff, Methan, Kohlenmonoxid und Xenon besteht. Es sind Moleküle, die allesamt eine mehr oder weniger hohe Dichte besitzen. Genau wie die Erde, auf der wir stehen oder dem Wasser in unseren Seen und Flüssen. Eine Feder, die sanft vom Wind davongetragen wird oder ein Vogel, der anmutig in der Luft kreist, stellen für niemanden ein Rätsel dar. Luft hat in Meereshöhe ein Gewicht von 1 bis 1,2 kg/m^3. In Reiseflughöhe, bei etwa 10.000 Meter Höhe, reduziert sich die Luftdichte um 2/3. Sie liegt dort im Mittel nur noch bei 0,4 kg/m^3. Ein Kubikmeter Wasser wiegt 1.000 kg und nasser Sand bringt rund 2.000 kg/m^3 auf die Waage. Vergleichsweise hat eine Schönwetterwolke eine Dichte von 0,001 kg/m^3. Dagegen nimmt eine riesige Gewitterwolke, ein Cumulonimbus, mitunter mehrere Millionen Tonnen Wasser auf. Auch diese schwere Wolke fliegt, von warmer, aufsteigender Luft getragen. Warum nicht auch ein Flugzeug?

Nun gut. Auf Luft kann sich niemand abstützen, wir können sie auch nicht sehen. Aber ihre gewaltige Kraft wird bei Stürmen spürbar. Häuser werden zerstört, Dächer abgedeckt, Autos von der Straße geweht und Meere aufgewühlt. Fahrradfahrer und Fußgänger, die gegen heftigen Wind ankämpfen müssen, werden die Gewalt des unsichtbaren Mediums nicht mehr anzweifeln. Von Windböen aufgewirbelte, umherfliegende Teile können zur Gefahr für Leib und Leben werden. Und – wer bei 100 Stundenkilometer die Hand aus dem fahrenden Auto hält, bekommt den Widerstand der Luft ordentlich zu spüren. Wohl niemand kann abschätzen, was mit der Hand, bei einer Reisegeschwindigkeit von mehr als 900 km/h passieren würde. Die unsichtbaren, winzigen Luftteilchen sind also durchaus in der Lage, extreme Kräfte zu entwickeln um selbst einen Airbus A380 mit 560 Tonnen Startgewicht in die Luft zu bringen.

9 Der Flughafen

9.1 Die Abfertigungshalle – Abflug, Ankunft, Einkauf

Jeder Passagier betritt vor seinem Flug erst einmal das Abfertigungsgebäude, das Terminal des Flughafens. Die eine Seite des Gebäudes ist für jedermann zugänglich. Hier checken die Passagiere ein. Darüber hinaus gibt es eine Vielzahl von Buchhändlern, Banken, Mietwagenfirmen und gastronomischen Betrieben. Hier verlassen aber auch die gelandeten Ankömmlinge den Flughafen.

Die andere Seite des Abfertigungsgebäudes ist nur für gebuchte Fluggäste zugänglich. Sie liegt hinter dem streng geschützten Sicherheitsbereich. Vor Betreten des Zollbereiches müssen das mitgeführte Handgepäck, Taschen, Trolleys oder Rucksäcke zur Röntgenkontrolle in die bereitgestellten Kunststoffwannen gelegt werden. Hat man die Personenkontrolle hinter sich gelassen, so führt der Weg direkt zum Gate. Auch hier befinden sich Einkaufs- und Dienstleistungsbetriebe und zusätzlich der zollfreie Einkaufsbereich. In dieser abgabenfreien Zone werden keine Zölle und Mehrwertsteuern erhoben. In den Duty-free-Shops können Einkäufe gegen Vorlage der Bordkarten getätigt werden. Aber Vorsicht! Innerhalb der Europäischen Union hat es zahlreiche Änderungen gegeben, sodass hier wieder die üblichen Steuern erhoben werden. Dennoch locken die Händler mit vielen Sonderangeboten für Schnäppchenjäger.

Im Terminalbereich unterhält jede Fluggesellschaft eigene Bereiche, in denen die Passagiere ihr Reisegepäck aufgeben und ihre Bordkarten entgegennehmen. Bei Onlinebuchungen oder Reservierungen über das Reisebüro bedarf es nur noch der Vorlage des gültigen Ausweises. Auch die Gates sind den einzelnen Fluggesellschaften zugeordnet.

Beim Check-in wird, zusammen mit der Bordkarte, ein Nachweis für die aufgegebenen Koffer ausgehändigt. Es sind Barcodestreifen mit Identifikationscode und Gepäcknummer (Baggage Identification Tag). Damit können einzelne Gepäckstücke zweifelsfrei dem gebuchten Passagier zugeordnet werden. Bitte gut aufbewahren! Diese Klebestreifen helfen Ihnen beim eventuellen Verlust des Koffers.

Einer großen Beliebtheit erfreuen sich die E-Check-in-Automaten. Hierbei wird das Ticket über das Internet bestellt und zu Hause ausgedruckt. Die Identifikation des Passagiers wird am E-Check-in Automaten überprüft und die Bordkarte ausgestellt. Der Gast hat dabei die Möglichkeit, den Sitzplatz weitestgehend frei zu wählen. Die Möglichkeit, über das Internet auch die Bordkarte auszudrucken (Web-Check-in), sei hier nur am Rande erwähnt.

Neben der Sitzplatznummer enthält die Bordkarte auch die Boarding-Zeit, die Flugnummer, die Fluggesellschaft, das Terminal und die Gate-Nummer (z. B.: 60 B).

Mindestens dreißig Minuten vor Abflug sollte man das Gate erreicht haben. Achten Sie dabei immer auf Lautsprecherdurchsagen. Sie könnten Ihren Flug betreffen. Aus dem Wartebereich am Gate findet das Boarding statt, sobald die Maschine für den Einstieg freigegeben wird.

9.2 Boarding – durchatmen und einsteigen

Das lange Warten am Gate hat nun ein Ende. Das Flugzeug ist für den Weiterflug vorbereitet und die Crew bittet die Gäste an Bord. Bei großen Maschinen gibt es unter Umständen ein Pre-Boarding. Hierbei wird privilegierten Personen, Familien mit kleinen Kindern und behinderten Menschen das Recht eingeräumt, als erste in die Maschine einzusteigen. Danach beginnt das Boarden der übrigen Passagiere. Beim Verlassen des Gates werden noch einmal die Bordkarten eingescannt und manchmal, als letzte Überprüfung, die Ausweise kontrolliert.

Grundsätzlich gibt es für Passagiere verschiedene Möglichkeiten vom Gate zum gebuchten Flugzeug zu gelangen: Zum einen über die Fluggastbrücke, die vom Terminal direkt zur Maschine führt. Oder man erreicht das Flugzeug per Vorfeldbus. Viele Billigflieger parken ihre Maschinen aber auch in der Nähe des Terminals. In diesem Fall müssen die Fluggäste die kurze Wegstrecke zu Fuß zurücklegen, um die Maschine zu erreichen. Manchmal wird diese Methode aber auch gewählt, wenn die Fluggastbrücke nicht zum Flugzeugtyp passt.

Für die Kabinencrew bedeutet Boarding, dass die Gäste möglichst zügig ihr Handgepäck verstauen, ihre Sitzplätze einnehmen und die Sicherheitsgurte anlegen, damit die Crew den Piloten die Kabine als klar für den Abflug melden kann. Nur wenn das zügig verläuft, kann das zugewiesene Startzeitenfenster eingehalten werden.

Extrem viele Menschen haben beim Boarding Angst. Jetzt heißt es endgültig einzusteigen. Der Weg zur Maschine, der erste Kontakt mit der Außenhaut des Flugzeuges, die vielen Warnhinweise, die kleinen Sichtluken und die schwere Eingangstüre. All das löst Herzklopfen und ein unbehagliches Gefühl aus. Auch die Furcht, hinter dieser Türe ausgeliefert zu sein, ist bei vielen Menschen stark ausgeprägt. Das ist auch nicht ungewöhnlich. Schließlich ist das Flugzeug für den Menschen eine künstlich geschaffene Welt. Aber – was für die einen den Traum vom Fliegen bedeutet, sollte für die anderen nicht zum Albtraum werden. Daher würde ich hier gerne noch einmal die Statistik zu Hilfe nehmen, die wir uns im Kapitel 5 bereits angeschaut hatten. Hier wurde laut Statistischem Bundesamt festgestellt, dass in den Jahren 2018 und 2019 alleine in Deutschland insgesamt 6359 Menschen im Straßenverkehr getötet wurden. Dagegen gab es 2019 nach Angaben des Bundesverbandes der deutschen Luftverkehrswirtschaft innerhalb der Europäischen Union keinen einzigen Todesfall im zivilen Luftverkehr. Wenn Sie sich diese Zahlen auf einem Blatt Papier notieren und während des Einsteigens noch einmal verinnerlichen, dann sollte diese nüchterne Statistik helfen, ihre Angst in den Griff zu bekommen.

Noch eines sollten Sie sich vor Augen führen: Die Piloten die vorne im Cockpit ihre Arbeit tun, haben eine extrem gute Ausbildung durchlaufen. Sie werden darauf trainiert, in schwierigen Situationen ausgeglichen und zielorientiert zu handeln. Sie werden permanent geschult und müssen regelmäßige Trainingseinheiten im Simulator absolvieren und auch bestehen. Bei diesen Trainings on the Job werden von den Prüfern die schlimmsten Szenarien simuliert, die bei einem Flug auftreten könnten. Diese provozierten Gefahren müssen von den Piloten unter Prüfungsbedingungen gemeistert werden. Ich selbst hatte die Gelegenheit, im Trainingscenter eines der größten Luftfahrtunternehmen Deutschlands, über mehrere Stunden der schweißtreibenden Arbeit der Piloten im Flugsimulator beizuwohnen.

Ein weiterer sehr wichtiger Aspekt, der Ihnen die Angst beim Einsteigen in das Flugzeug nehmen sollte, ist die Flugtauglichkeit der Crew. Piloten werden regelmäßig auf ihre medizinische Tauglichkeit hin untersucht. Die Begutachtung wird von Ärzten, die zu flugmedizinischen Sachverständigen ausgebildet wurden, durchgeführt. Es ist also immer gut zu wissen, dass die Frauen und Männer im Cockpit körperlich ganz schön fit und gesund sein müssen, um ein Flugzeug fliegen zu dürfen. Mit diesem Wissen können Sie mit gutem Gefühl die Maschine beim Boarding betreten und hoffentlich entspannt auf Ihrem Sitz Platz nehmen.

9.3 Das Vorfeld – nicht nur Parkplatz für Flugzeuge

Die Außenflächen eines Flughafens bestehen im Wesentlichen aus dem Vorfeld, also der Abstell-, Rangier-, Abfertigungs-, und Wartungsfläche für Flugzeuge; den Rollwegen (Taxiways) sowie den Start- und Landebahnen (Runways).

Die Parkpositionen der Flugzeuge werden in zwei Bereiche unterteilt. Ramp, ist das Terrain in unmittelbarer Nähe des Terminals, auch Terminal Ramp genannt. Hier finden die vorbereitenden Arbeiten für den nächsten Flug statt. Die Gäste erreichen dort das gebuchte Flugzeug, wie bereits beschrieben, über Fluggastbrücken oder fußläufig über kurze, vom übrigen Vorfeld abgesperrte Wege. Die Parkposition direkt am Terminal ist die Idealposition für die Besatzungen und deren Gäste. Am Gate bietet sich in aller Regel ein direkter Blick auf die dort abgestellten Flugzeuge.

Apron, ist der weniger geläufige Begriff für den Teil des Airports, auf dem die Flugzeuge in einer Außenposition abgestellt werden. Aus dem Englischen übersetzt heißt Apron: Schürze oder Vorfeld. Hier auf dem Vorfeld werden gelegentlich kleinere Reparatur- und Wartungsarbeiten durchgeführt. Hauptsächlich dient aber dieser

Bereich der Abfertigung ankommender Maschinen sowie deren Vorbereitung für den Weiterflug. Der Transfer vom Terminal zu den Außenpositionen erfolgt über Vorfeldbusse. Bei kleinen Flugplätzen geschieht dies mitunter als Walkboarding - also zu Fuß. Schließlich gelangen Crew und Gäste über fahrbare Treppen, der Gangway, in die Maschine.

Auf dem Vorfeld findet man aber nicht nur die Parkpositionen der Flugzeuge und deren Rollwegen zu den Startbahnen, sondern auch die Fahrspuren für die zahlreichen, teils schweren Bodenfahrzeuge.

Der gesamte Komplex birgt viele Gefahren, die der Laie nicht abschätzen kann. Hinter ein laufendes Triebwerk zu geraten, dessen Abgase gut und gerne 450° Celsius haben, kann tödlich sein. Vor einem Triebwerk, bei dem ungeheure Luftmassen angesaugt werden, kann selbst ein erwachsener kräftiger Mann in Lebensgefahr geraten. Ein rollendes Flugzeug zu einer Notbremsung zu zwingen, ist nicht nur für den Fußgänger, sondern auch für die Passagiere in der Maschine gefährlich. Tank- und Pushback-Trucks, Busse und Follow-me-Cars sind zu Hunderten unterwegs und sorgen auf dem gesamten Flughafengelände für regen Verkehr. In Summe ist der unerlaubte Aufenthalt in diesem Areal ungleich gefährlicher als der Flug selbst. Das Vorfeld gehört zum Sicherheitsbereich und darf nur unter strenger Aufsicht betreten werden.

Als Ramp Agent bezeichnet man den verantwortlichen Mitarbeiter der Fluggesellschaften oder des Flughafenbetreibers, der mit seinem Team die am Boden befindlichen Flugzeuge auf den nächsten Start vorbereitet. Der Ramp Agent hat damit die Vorfeldaufsicht für die Maschine, die ihm zugewiesen wurde. Er koordiniert alle Dienstleistungen für den gesamten Aufenthalt am Boden und solche, die für den Weiterflug erforderlich sind. Dazu zählen die Reinigung der Kabine, die Betankung, die ordnungsgemäße Beladung, das Catering, die Befüllung der Frischwassertanks und die Entsorgung des Abwassers. Der Ramp Agent ist der zuständige

Ansprechpartner und Koordinator für die Cockpitbesatzung sowie das Kabinen- und Servicepersonal. Er ist aber auch Bindeglied zwischen den Piloten und den technischen Abteilungen am Boden.

Nachdem die Gepäckstücke und das Frachtgut verstaut wurden, heißt es, die Ladeluken zu schließen und zu sichern. Der Ramp Agent sammelt alle Papiere, darunter auch die Passagierliste, das Betankungsdokument und den Beladeplan (Loadsheet). Alles zusammen übergibt er zum Schluss den Piloten. Dabei wird auch überprüft, ob zu den verladenen Gepäckstücken auch die entsprechenden Passagiere an Bord sind. Sollte das einmal nicht der Fall sein, so wird der herrenlose Koffer wieder aus dem Frachtraum entfernt. Das kann dauern – dient aber der Sicherheit aller Menschen an Bord.

9.4 Das Rollfeld – hier geht man in die Luft

Innerhalb des Flughafenbetriebes obliegt die Leitung des rollenden Verkehrs der Vorfeldkontrolle. Die Vorfeldlotsen teilen den gelandeten Flugzeugen ihre Parkpositionen zu und sind für die Sicherheit und Ordnung des Verkehrs auf dem gesamten Vorfeld bis zu den Start- und Landebahnen verantwortlich. Die Mitarbeiter genehmigen das Anlassen der Triebwerke und die Freigabe zum Pushback. Sie geben, je nach Flughafen, die Rollwege (Taxiway) frei und erteilen die Rollanweisungen. Sie setzen die Bodenverkehrsordnung um, die den gesamten Verkehr des Flughafens verbindlich regelt.

Die Start- und Landebahnen werden auch Runway, abgekürzt RWY, genannt. Sie sind bei Verkehrsflughäfen zwischen 45 und 60

Meter breit und extrem hohen Belastungen ausgesetzt. Die Oberfläche besteht entweder aus Asphalt oder Beton. Grundsätzlich ist man bemüht, die Oberfläche so glatt wie möglich zu gestalten. Nicht selten sind die Pisten jedoch in Querrichtung gerillt, um die Gefahr des Aquaplanings herabzusetzen. Das macht den Start- und Landevorgang mitunter etwas unkomfortabel und holprig. Am Ende der Landebahnen werden aus Sicherheitsgründen oftmals poröse Materialien als Oberschicht verbaut. Dadurch wird ein eventuelles Hinausrollen landender Flugzeuge vermieden. Die Maschinen sinken in der weichen Oberfläche ein, werden so abgebremst und zum Stehen gebracht.

Die geografische Ausrichtung der Pisten wird beim Bau eines Flughafens den lokal vorherrschenden Windverhältnissen und Richtungen angepasst. Da Flugzeuge grundsätzlich gegen den Wind starten und landen, ist die optimale Ausrichtung von entscheidender Bedeutung. Liegt der Airport in einem Gebiet mit unterschiedlichen Hauptwindrichtungen, so werden diese durch zusätzliche Bahnen (Querwindbahnen) in entsprechenden Richtungen berücksichtigt.

Da Scherwinde im Zusammenhang mit landenden Flugzeugen oft diskutiert werden, sei an dieser Stelle nur rein zur Begriffsdefinition eine kurze Erklärung erlaubt: Bei Scherwinden handelt es sich um Luftströmung und Wirbel, die oftmals am Rande von Gewittern, mit großen Luftdruckunterschieden und starken Fallwinden, Inversionswetterlagen oder Querströmungen auftreten. Schließlich können es aber auch Luftmassenbewegungen in Flughafennähe sein, bei denen Böen durch Bodenunebenheiten abgelenkt werden und dadurch Auf- und Abwinde erzeugen. Diese Wetterphänomene und was sie für ein Flugzeug bedeuten, werden an anderer Stelle noch einmal intensiver erläutert.

Nun aber zurück zu den Rollwegen des Airports. Im Straßenverkehr werden Autobahnen, Straßen, Wege und Plätze mit Namen und Nummern gekennzeichnet, die eindeutig zuzuordnen sind.

Auch die Rollwege auf Flughäfen werden nach festen Regeln markiert. Die Zahlen und Buchstaben auf den Schildern entlang der Strecke zum Runway, aber auch die großen weißen Nummern auf dem Asphalt der Start- und Landebahnen sind den meisten Menschen sicherlich schon einmal aufgefallen. Die Benennungen unterliegen einer internationalen Vereinbarung und erfolgen nach den Gradzahlen der magnetischen Kompassrose. Liegt die zugewiesene Startbahn beispielsweise in nördlicher Richtung, dann erhält sie die Nummer 36. Ein Blick auf die Kompassrose hilft beim Verständnis.

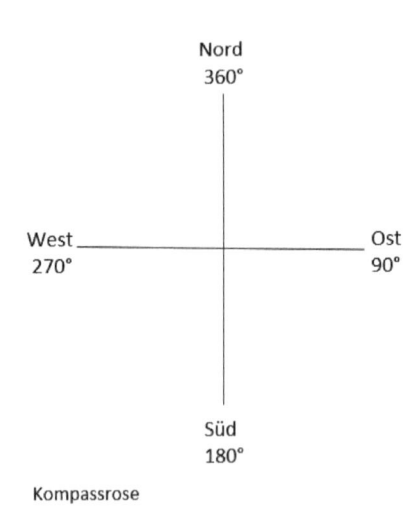

```
                    Nord
                    360°
                      |
                      |
       West _____|_____ Ost
       270°           |           90°
                      |
                      |
                     Süd
                     180°
   Kompassrose
```

Nord liegt auf der Kompassrose bei 360°. Vereinbarungsgemäß teilt man 360 durch 10, und erhält die Zahl 36. Liegt die Bahn in südlicher Richtung, bekommt sie folgerichtig die Ziffer 18. Je nach aktueller Windrichtung könnte diese Piste, sowohl aus nördlicher als auch aus südlicher Richtung angeflogen werden. Aus diesem Grund erhält sie die Gesamtkennung 18/36. Grundsätzlich steht die kleinere Zahl immer an erster Stelle. Die Betriebsrichtung unterscheidet sich logischerweise immer um plus/minus 180 Grad (18). Ganz simpel! Oder? Analog gilt das für alle anderen geografischen Ausrichtungen. Die Gradzahlen werden kaufmännisch gerundet und sind immer zweistellig. Daher wird der Bahn in östliche Richtung eine Null vorgestellt (90 dividiert durch 10 ergibt 9 also 09). Grundsätzlich sind die Kennungszahlen auch am Anfang der Start- und Landebahn auf der Oberfläche der Pisten deutlich sichtbar aufgesprüht. Sie sind beim Endanflug für die Piloten unübersehbar und dienen noch einmal final der Orientierung.

Verfügt ein Flughafen über zwei oder drei parallel verlaufende Start- und Landebahnen, so wird der rechts liegenden Bahn der Buchstabe R (Right) angehängt. Wählt man beispielsweise eine Bahn, die nach Osten ausgerichtet ist, so bekommt der rechte Runway die Bezeichnung 09 R, die Mittlere die Bezeichnung 09 C (Center) und die linke Bahn den Buchstaben L für Left, also 09 L.

Noch ein Wort zur Befeuerung: Bei schlechter Sicht und Dunkelheit sind die Start- und Landebahnen sowie das gesamte Vorfeld und deren Rollwege beleuchtet. Es handelt sich dabei um Lampen, die in den Belag der Bahnen eingearbeitet sind (Unterflurlampen). So ist auch die nächtliche Orientierung der Piloten sichergestellt.

Die seitlichen Begrenzungen und die Mittellinien der Start- und Landebahnen sind vom Aufsetzpunkt bzw. Startpunkt mit weißen Bodenlichtern gekennzeichnet. 900 Meter vor Ende der Bahnen wechseln sich rote und weiße Lichter ab. 300 Meter vor Bahnende kündigen durchgehend roten Lichter – warnend – die letzten Meter der befestigten Strecke an. Alle Taxiways haben eine grüne Mittellinienbeleuchtung. Die Ränder sind blau befeuert. Am Tag erkennt man die Taxiways an ihren gelben, aufgesprühten Mittellinien. Die Seitenbegrenzungen sind ebenfalls gelb, aber doppelt liniert.

10 Das Flugzeug

10.1 Der A 380 – ein europäischer Traum

Ein Gigant der Lüfte, von Airbus entwickelt und gebaut. Sein Name ist A380 und zurzeit das umschwärmteste und gleichzeitig das größte Passagierflugzeug der Welt. Auf zwei Decks bietet es, je nach Bestuhlung, Platz für 868 Passagiere. 569 Tonnen Startgewicht werden von vier Triebwerken in die Luft gebracht. Durch die hohe Startgeschwindigkeit umströmen gewaltige Luftmassen die mächtigen Tragflächen. Auf 846 Quadratmeter Flügelfläche (!), verteilt sich in der Luft das Gesamtgewicht der Maschine, und relativiert sich so auf etwa 700 Kilogramm pro Quadratmeter Tragfläche. Die maximale Flughöhe liegt bei etwa 13.000 Meter. Bedingt durch die in Reiseflughöhe vorherrschende „dünne Luft", ist hierzu eine Geschwindigkeit von mehr als neunhundert Kilometer pro Stunde geboten. Bei ausgefahrenen Landeklappen und der dreimal höheren Luftdichte in Meereshöhe, reicht zur Landung des Riesenflugzeuges eine Geschwindigkeit von 270 Stundenkilometern, bei einem maximalen Landegewicht von rund 390 Tonnen.

Der geplante Premierenflug wurde wegen technischer Probleme mehrere Male verschoben. Am 27. April 2005 war es dann endlich so weit. Der Wind kam aus der richtigen Richtung, sodass der Erststart vom Flughafen Toulouse in Richtung Norden stattfinden konnte. Aus Sicherheitsgründen durfte der Abflug nicht direkt über die Stadt erfolgte. Die Startbahn 32 Links, von der am 02. März 1969 auch die Concorde zu ihrem Jungfernflug abhob, war nun für den Prototyp des A380 mit der Werksnummer 0001 frei gegeben.

Im Cockpit saßen zwei Testpiloten und vier Flugingenieure, die in der mit technischen Prüfgeräten vollgestopften Kabine ihre Arbeit verrichteten. Unter ihnen der Deutsche Manfred Birnfeld.

Als am 12. September 2006 der erste Airbus A380 pünktlich um 10:56 Uhr auf dem Düsseldorfer Flughafen aufsetzte, war ich einer von tausenden Zaungästen, die bei diesem einmaligen Schauspiel fasziniert die Augen in den Himmel richteten. Es war der erste A380, der in Nordrhein-Westfalen landete. Das Schauspiel verursachte ein Verkehrschaos rund um den Airport. Die Aussichtsplattform, die obersten Decks der Parkhäuser und die Zaunanlagen an der Startbahn waren gesäumt von Spottern, Schaulustigen und Flugbegeisterten, als das größte Verkehrsflugzeug der Welt behäbig, beinahe gemütlich über unseren Köpfen einschwebte. Das Superflugzeug war zu diesem Zeitpunkt in der letzten Phase seiner Flugerprobung, die schließlich am 31. März 2007, nach etwa 60.000 Flugkilometern abgeschlossen wurde. Auch dieser Flug wurde von Testpiloten durchgeführt.

300 Millionen Euro kostet der Megaliner. 320.000 Liter Kerosin fassen die Tanks und die Tragflächen haben bei einer Fläche von 846 Quadratmetern eine Spannweite von 80 Meter. Das durchgängig doppelstöckige Flugzeug hat mit 24 Metern eine Höhe, wie ein neunstöckiges Wohngebäude und ist bei einem Rumpfdurchmesser von 7,14 Metern beinahe 73 Meter lang. 220 Fenster sorgen dabei für den nötigen Ausblick. 18.000 Bolzen verbinden die Tragflächen mit dem Rumpf und rund 4 Millionen Einzelteile sind in diesem Jet verbaut. Neben den beiden Decks für die Passagiere gibt es ein zusätzliches Frachtdeck, unten im Rumpf. Der A380 hat eine Gesamtoberfläche von etwa 3.000 Quadratmetern, die mit rund 600 Kilogramm Farbe in der größten Lackiererei der Welt, in Hamburg, veredelt wird.

Während des Fluges sind durchschnittlich 21 Flugbegleiter für die Sicherheit und den Service verantwortlich. Sie ruhen sich in speziell dafür vorgesehenen Kabinen im Frachtdeck aus. Die maximale

Fluggeschwindigkeit des Megaliners liegt bei 1.061 km/h (Mach 0,89). Er hat eine Reichweite von rund 13.000 Kilometer und kann dabei auf 13.100 Meter (42.980 Fuß) aufsteigen. Um die Startgeschwindigkeit von 260 km/h zu erreichen, benötigt das Superflugzeug in der Passagierversion eine Rollstrecke von durchschnittlich 2.700 Metern und bei der schweren Frachtversion ca. 2.900 Meter. Das von Boeing gebaute Großraumflugzeug, die 747–400, der Jumbo, benötigt eine Startbahn, die immerhin 500 Meter länger ist. Die relativ kurze Startstrecke des Airbus liegt an der großen Flügelfläche.

Im Airbus A380 ist ein Navigationssystem für Flughäfen verbaut, dass den Piloten den Weg vom Vorfeld über den Taxiway bis hin zur Startbahn weist. Vor dem Start und nach der Landung bedeutet dies eine unglaubliche Arbeitserleichterung für die Piloten, die sich normalerweise in dieser Zeit auf vorgeschriebene Checks und den Verkehr auf dem Vorfeld konzentrieren müssen.

Der Airbus-Riese hat die internationalen Vorschriften für die Evakuierung mit Bravour bestanden. Im Test gelangten alle 868 Passagiere binnen 78 Sekunden durch die Hälfte der zur Verfügung stehenden Notausgänge ins Freie. Vorgeschrieben sind 90 Sekunden!

Die Rumpfaußenhaut besteht an der Unterseite herkömmlich aus Aluminium. Der obere Bereich ist gewichtsreduziert aus einer glasfaserverstärkten Laminatverbindung gefertigt. Hauptbestandteile sind Aluminium und Kunststoff. Diese hoch stabilen Verbundwerkstoffe sorgen für eine deutliche Gewichtsreduzierung, die sich günstig auf die Betriebskosten und die CO^2-Bilanz auswirken. Der Treibstoffverbrauch der Concorde bezifferte sich seinerzeit auf 17 Liter pro Passagier, auf 100 Flugkilometer. Beim A380 konnte die Zahl auf 3 Liter pro 100 Kilometer und Passagier reduziert werden!

Die vier modernen, sehr leistungsstarken Triebwerke sind gegenüber den bisher gefertigten Antrieben erheblich leiser. Jedes Triebwerk hat einen Durchmesser von 2,95 Meter und alle vier Turbinen saugen insgesamt 6 Tonnen Luft pro Sekunde an. Ein Grund, warum alle anderen Flugzeuge in der Luft, aber besonders bei Start und Landung, einen respektablen Abstand zu diesem Flieger halten müssen. Er produziert extreme Wirbelschleppen, die für nachfolgende Flugzeuge gefährlich werden können.

Im September 2012 hatte ich die Gelegenheit, im Dreamliner A380 in einer Höhe von 11.888 Meter (38.998 Fuß) und einer Geschwindigkeit von 980 km/h über den Atlantik nach New York zu fliegen. Das Flugzeug wirkt bei der Lufthansa-Version von innen gemütlich, schon fast klein, da die Sitzreihen in relativ kurzen Abständen durch Toiletten und Bordküchen unterbrochen werden. In der Economy-Class sind an den Fenstern jeweils drei Sitze angeordnet, in der Mitte weitere vier. Im Heck befindet sich eine Wendeltreppe, die zum oberen Deck des Flugzeuges führt. Neben mehreren geräumigen Toiletten, die dort untergebracht sind, bietet dieser Bereich zusätzlich auch genügend Platz, um sich einmal die Füße zu vertreten oder ungestört ein paar wohltuende Dehnübungen durchzuführen.

Das Einsteigen der Passagiere erfolgt grundsätzlich über zwei Fluggastbrücken. Eine für das Oberdeck und eine weitere für das untere Passagierdeck. Das dritte, ganz unten liegende Deck, in dem sich der Frachtraum, aber auch die Ruheräume der Crew befinden, ist ebenfalls über eine innen liegende Treppe erreichbar. Die Beladung des Frachtdecks erfolgt herkömmlich von außen, über Hubbühnen und Förderbänder.

Die Fluggastzelle ist mit vielen Fenstern ausgestattet und wirkt deshalb ungewöhnlich hell. Das Design überzeugt durch moderne Schlichtheit. Neben den superleisen Triebwerken wurde die Außenhaut des Jets mit einer deutlich verbesserten Schallisolierung versehen, die das Reisen auf Langstreckenflügen noch angenehmer macht.

Bei unserem Linienflug nach New York spendierte die Lufthansa jedem Gast reichlich Speisen und Getränke sowie Kopfhörer für die Bordunterhaltung. Bei der Ausstattung der Lufthansaversion ist jeder Sitzplatz mit einem recht großen Touchscreen ausgestattet, über den viele interessante Flugdaten abgerufen werden können. Darüber hinaus besteht die Möglichkeit, sich in die „nice View Funktion" (die schöne Aussicht Funktion) einzuloggen. In ihr verfolgen drei verschiedene Kameras den realen Flug und übertragen ihn live auf den Bildschirm! Eine der Kameras befindet sich am Heckleitwerk. Dabei wird dem Betrachter das gesamte Flugzeug von hinten, bis weit über die Tragflächen präsentiert. Die zweite Kamera zeigt die Sicht der Piloten, und die dritte gibt den Ausblick, senkrecht zur Erde frei. Dabei werden die Namen der größeren Städte eingeblendet, die gerade überflogen werden. Darüber hinaus gibt das Display Auskunft über die momentane Geschwindigkeit. Sie kann alternativ in Kilometer- oder Meilen pro Stunden (mph) abgelesen werden. Weiterhin erhält man Informationen über die Flughöhe in Meter und Fuß, die Entfernung zum Zielflughafen, die verbleibende Flugzeit und die voraussichtliche Urzeit der Landung. Alles in allem ist der Flug im A380 für den Passagier komfortabel und die Geräuschentwicklung durch die Triebwerke auffallend gering.

2021 soll der letzte Airbus A380 die Werkshallen verlassen, in denen dann rund 250 Maschinen dieses Typs gebaut wurden. Die Produktion des Megaliners wird aus rein kaufmännischen Erwägungen eingestellt. Die Bestellungen sind stark rückläufig. Die Fluglinie Emirates, der größte Abnehmer des A380, hat ihre Bestellungen drastisch reduziert und die australische Fluggesellschaft Quantas bestehende Aufträge sogar storniert. Hauptgrund für die rückläufigen Zahlen ist die fehlende Wirtschaftlichkeit der Maschine. Der Jet ist zu schwer und zu groß. Ein Jammer für die enormen Entwicklungskosten. Und ja – schade für das schöne Flugzeug!

10.2 Flugzeuge – männlich oder weiblich?

Eigentlich gibt es die grammatikalische Regel, dass das Geschlecht aller Flugzeuge und Schiffe weiblich ist.

Konsequent müsste es dann also heißen: „Die Airbus A380". Aber klingt „der Airbus A380" nicht wesentlich besser? Ich denke, die Frage ist leicht zu beantworten. Niemand sagt zu einem Bus „die Bus". Also heißt das Flugzeug folgerichtig „der Airbus A380" aber „die A380", „die Concorde", „die Cessna" oder „die Transall". Richtig ist aber auch „der Eurofighter", „der Starfighter" oder „der Jumbo".

Die Fachleute diskutieren in dieser Frage eifrig. Ich möchte diesem Meinungsaustausch allerdings nicht weiter nachgehen – und mir über Nomen, Genus, den weiblichen Dativ oder zusammengesetzte Substantive den Kopf zerbrechen. Die allgemeingültige, und grammatikalisch korrekte Regelung hat viele Facetten. Vieles ist erlaubt. Warum sollten die Flugzeuge also zwingend dem femininen Geschlecht zugeordnet werden. Auch wenn alle Flugzeuge regelkonform weiblich sein sollten, passt „der Eurofighter", „der Jumbo" oder „der Airbus" eindeutig besser zum allgemeinen Sprachgefühl.

Ob sie nun aber mit dem Airbus fliegen werden oder in die A380 einsteigen ist völlig egal. Vor keinem der Flugzeuge sollten Sie Angst haben.

10.3 Geräusche die Angst machen – Rumpeln im Bauch

Als ich im September 2012 mit einem Airbus A380 von Frankfurt nach New York flog, landeten wir auf dem John F Kennedy Flughafen (JFK). Das größte Passagierflugzeug der Welt überzeugt durch Ästhetik, Luxus und Eleganz. In diesem gigantischen Kraftpaket ist modernste Technik verbaut, vergleichbar mit einem Automobil der Luxusklasse. Die Triebwerke sind, wie schon beschrieben, beim Start und auch im Reiseflug angenehm leise. Doch es gibt auch die Kehrseite. In einigen Sitzreihen kann der aufmerksame – und besonders der angstgeplagte Fluggast bereits beim Rollen bedrohlich wirkende Geräusche wahrnehmen. Das Rumpeln und Surren im Bauch der Maschine sollte jedoch kein Grund zur Besorgnis sein. Denn – auf dem Weg zur Startbahn arbeiten die Piloten ihre Checklisten ab. Unter anderem fahren sie alle Klappen und Ruder bis in die Endlagen aus und wieder zurück in die Neutralstellung. Besonders die mächtigen Start- und Landeklappen der Großraumflugzeuge beanspruchen unglaubliche Kräfte, um die riesigen, tonnenschweren Teile zu bewegen. Hydraulik und Stellantriebe sind ausreichend groß dimensioniert, um die gewaltigen Bauteile auch im Flug gegen die anströmende Luft sicher und störungsfrei in die gewünschte Lage zu bringen. Die Kräfte werden über Hydraulikaggregate übertragen. Je größer das Flugzeug, umso mächtiger fallen die Stellantriebe aus und umso höher ist die Geräuschentwicklung, die davon ausgeht! Der Klappencheck kann im gesamten Zeitraum zwischen Verlassen der Parkposition und dem Erreichen der Startbahn erfolgen. Es sind also ganz normale Testläufe. Sie sind gut, wichtig und dienen einzig unserer Sicherheit. Demzufolge gibt es keinen Grund, sich dabei zu fürchten.

Trotzdem sind ängstliche Gefühle in dieser Situation völlig normal und nachvollziehbar. Gerade der Augenblick, in dem das Flugzeug vom Pushback-Truck aus der Parkposition geschoben wird, ist für die meisten Passagiere der Moment äußerster Anspannung. Jetzt, genau in diesem Moment wird der anstehende Flug real. Jetzt heißt es, sich mit der Furcht auseinanderzusetzen. Kommen nun auch noch fremde, ungewohnte Geräusche hinzu, Geräusche die man nicht zuordnen kann, von denen man nicht weiß wie, wo und warum sie entstehen, dann tragen sie keinesfalls zur Entspannung bei.

Die meisten Menschen umschreiben ihre Gefühle mit kurzen und treffenden Worten: Furcht vor einem Unglück, Beklemmung in der Gefangenschaft dieser engen Röhre, Panik vor dem Absturz und Horror vor dem Ausgeliefertsein. Vor allem fiel immer wieder das kurze, zusammenfassende Wort:

Angst!

Ist das Flugzeug an der Startbahn angekommen, wirkt es wie ein wildes Tier, das endlich von der Leine gelassen werden will. Und nun kommt das Geräusch, auf das alle warten und vor dem sich viele fürchten: Das Aufheulen der Triebwerke.

Kein Weg führt jetzt zurück!

Die Piloten lösen die Bremsen und lassen den gewaltigen Triebwerken freien Lauf. Der Riese faucht und stürmt über die Startbahn, will mit aller Kraft in die Luft steigen. Menschen wie Swen kämpfen jetzt mit ihren Gefühlen. Und da – das Flugzeug hebt ab. Zuerst die beiden Bugräder, dann das gigantische Hauptfahrwerk mit seinen monströsen Rädern. Es wird mit einem Schlag ruhiger. Das Beben und Dröhnen haben aufgehört. Für einen Moment scheint auch die Angst gebannt.

Aber dann ist aus dem Frachtraum ein Sirren zu hören. Es vibriert ungewöhnlich und nach kurzem Rumpeln ist mit einem deutlich hörbaren Schlag alles wieder ruhig.

Was in dem Augenblick geschehen ist, ist leicht zu erklären. Nach dem Abheben werden die Fahrwerke nicht mehr benötigt. Im Gegenteil! Sie stören, verwirbeln die Luft, verursachen einen hohen Widerstand, sind laut und sorgen für hohen Kerosinverbrauch. Also werden sie so rasch wie möglich in den Rumpf eingefahren. Die Piloten betätigen hierzu einen Hebel in der vorderen Konsole. Dadurch wird die Hydraulik aktiviert, die die tonnenschweren Fahrwerke rumpelnd in ihre Schächte einzieht und verriegelt. Zu guter Letzt werden die Fahrwerksschächte verschlossen und ebenfalls verriegelt. Das Hauptfahrwerk des Airbus A 380 besteht immerhin aus 20 Rädern, von denen jedes einen Durchmesser von 1,40 m aufweist. Sie reichen einem durchschnittlich gewachsenen Mann bis zur Brust. Selbst der geschickteste Flugzeugbauer kann nicht verhindern, dass beim Einziehen der Fahrwerke Geräusche ins Innere der Kabine dringen.

Der weitere Steigflug vergeht in der Regel ohne nennenswerte Geräuschentwicklung. Es stören eher die Kurvenflüge. Sie sorgen vielfach für Unwohlsein bei den Passagieren. Doch hierzu gibt es in einem anderen Kapitel mehr Informationen.

Im Gegensatz zum Start ist die Geräuschkulisse beim Landeanflug wesentlich vielseitiger. Im Sinkflug werden zeitweise die Triebwerke auf Leerlauf gestellt, um möglichst rasch Höhe zu verlieren. Die Maschine gleitet dann leise bis zur vorgeschriebenen Flugfläche hinab. Triebwerke, die auf Leerlauf gestellt sind, geben kaum Geräusche ab, dafür treten die Windgeräusche und das Sirren der Stellantriebe in den Vordergrund. Um Höhe zu halten, geben die Piloten wieder ein wenig Schub auf die Antriebe. Möglicherweise bekommt die Besatzung danach noch einmal die Anweisung zu steigen, um für andere Flugzeuge Platz zu machen. Das kündigt sich durch ein dumpfes Brummen der Triebwerke an. Ist der nötige Schub erreicht, hebt sich die Nase und die Maschine klettert wieder.

Da beim Landeanflug ein Gebiet höchster Verkehrsdichte durchflogen wird, kurven alle Flugzeuge – von den Fluglotsen geleitet – durch den Luftraum, ehe sie die Landebahn erreichen. Die unorthodox erscheinenden Flugbewegungen haben also einen triftigen Grund. Wer verstanden hat, warum das geschieht und warum sich dabei die Geräuschkulisse permanent ändert, wird seine Ängste davor verlieren.

Kurz vor dem Aufsetzen ist wieder dieses Sirren zu hören. Unmittelbar danach rumpelt es spürbar unter den Sitzen. Die Fahrwerke werden ausgefahren und eingerastet. Begleitet von deutlich vermehrten Windgeräuschen ist das Flugzeug nun klar für die Landung. Bis zum Aufsetzpunkt sind es nur noch wenige Minuten. Ein dumpfer Stoß und das Quietschen der Reifen signalisieren schließlich den Bodenkontakt. Das Aufheulen der Triebwerke zeigt, dass die Piloten nun die Schubumkehr aktiviert haben. Dabei wird die Triebwerksluft – und damit der Schub – entgegen der Bewegungsrichtung umgelenkt. Hierzu ziehen die Piloten unmittelbar nach dem Aufsetzen der Maschine die Gashebel bis zur Nullstellung zurück. Bei dieser Leerlaufdrehzahl, dem Idle Power, können die Gashebel entsperrt und erst dann weiter nach hinten gezogen werden, um die Schubumkehr zu aktivieren. Die Maschine wird durch den umgelenkten Abgasstrahl rasant abgebremst. Für die vielen ängstlichen Passagiere ist das der erlösende Moment.

11 Das Cockpit – die Technikzentrale

Das Cockpit, im Fachjargon auch Flight Deck genannt, ist der Arbeitsplatz der Piloten. In Flugrichtung gesehen befindet sich links der Sitz des Kapitäns. Rechts von ihm nimmt der Co-Pilot Platz. Im Airbuscockpit befindet sich ein dritter Platz, etwas weiter hinten, genau zwischen den Piloten. Der Sitz ist erhöht und meist drehbar. Er wird bei Ultralangstreckenflügen vom dritten Piloten oder bei Ausbildungsflügen vom Fluglehrer als Observer Seat (Beobachtungssitz) genutzt. Dieser Platz bietet den ungestörten Blick über das gesamte Cockpit, über alle Instrumente aber auch über die vorderen und seitlichen Fenster. Von dort aus kann jeder Handgriff der fliegenden Besatzung verfolgt werden. In der Flugkanzel befindet sich ein weiterer Sitz. Es ist ein klappbarer Notsitz, der sich je nach Typ auf der rechten oder linken Seite direkt am Fenster hinter den Piloten befindet.

Im Deckenbereich, über den Köpfen der Piloten, ist das Overhead Panel platziert. Hier werden die Bordsysteme bedient und überwacht. Hierzu zählen die Rauchmelder, die Löschsysteme, die Hydraulik, die Klimaanlage, die Stromversorgung und die Außenbeleuchtung.

Oben: Overheadpanel. **Unten**: Mittelkonsole und Mainpanel eines zweimotorigen Airbus. *(Fotos: Holzportz)*

Die Hauptinstrumente, die zum Fliegen des Flugzeuges benötigt werden, befinden sich im Mainpanel, direkt vor den Piloten. Es liegt im unmittelbaren Sichtbereich, ähnlich der Armaturentafel im Auto. Dort sind im Wesentlichen die Flight Control Unit, also die Bedienelemente zur Einstellung der Flughöhe und Geschwindigkeit, die Anzeigegeräte für den künstlichen Horizont, die Höhen- und Geschwindigkeitsmesser, das Navigationsdisplay, das Radar und Wetterradar sowie die Überwachungssysteme der Triebwerke untergebracht. Der Bedienhebel für die Fahrwerke befindet sich ebenfalls im Mainpanel.

In der Mittelkonsole werden die Triebwerke gestartet und die Schubhebel betätigt. Über das Flight Management System wird die Flugroute eingegeben und der Autopilot programmiert. Dort befinden sich auch die Trimmräder, das Funkgerät, die Parkbremse, das Kollisionswarnsystem, das Faxgerät sowie die Steuerelemente der Brems-, Stör- und Landeklappen.

Die Pedale zur Betätigung der Seitenruder und der Bremsen befinden sich im Fußraum.

Links und rechts, jeweils an den Außenfenstern befinden sich die kleinen Drehräder für die Lenkung des Bugfahrwerkes. Sie wird beim langsamen Rollen von der Parkposition zur Startbahn benutzt. Bei einigen Airlines sind diese handtellergroßen Steuerräder lediglich auf der linken Seite zu finden, da nur der Kapitän die Berechtigung hat, am Boden zu rollen. An gleicher Stelle, jeweils links und rechts befinden sich auch die Sidesticks. Sie sind bei Airbus die zentralen Steuerelemente. Bei Boeing und Co werden die Maschinen über die Steuerhörner geflogen, die jeweils zwischen den Knien der Piloten angeordnet sind. Über Sidestick und Steuerhorn werden im Wesentlichen die Klappen bedient, die auf den Tragflächen angeordnet sind. Schauen wir uns also in den folgenden Kapiteln die Flügel und deren Steuerflächen einmal genauer an.

12 Tragflächen – die Luft als Lastesel

Rein statistisch gesehen hebt weltweit im Sekundentakt ein Flugzeug von der Erde ab. Aber warum fliegt ein Flugzeug eigentlich? Die Antwort auf diese Frage finden wir im Zusammenspiel zwischen den Triebwerken, der Heckflosse, der Form des Rumpfes und den Tragflächen. Die Größe und Form der Flügel bestimmen im Wesentlichen das Flugverhalten und den Auftrieb. Aber Auftrieb kann nur entstehen, wenn sich das Flugzeug schnell genug bewegt und dadurch große Luftmassen an den Flügeln vorbei strömen.

Betrachten wir die Form der Tragflächen einmal etwas genauer. Stellen Sie sich vor, der Flügel sei in der Nähe des Flugzeugrumpfes abgeschnitten. Wir erkennen, dass der Flügel nach oben gewölbt ist und unten einen geraden Verlauf aufweist. Zudem sind die Tragflächen zum Heck hin schräg nach unten angestellt. Die anströmende Luft wird dadurch nach unten abgelenkt und verdichtet. Hieraus entsteht eine Kraft, die nach oben wirkt. Sie reicht aber keinesfalls aus, um das Flugzeug in die Luft zu bringen. Für den Auftrieb ist die asymmetrische, nach oben gewölbte Form des Flügelprofils maßgeblich verantwortlich. Luft, die die Tragfläche von vorne anströmt, legt über die gekrümmte Oberseite einen längeren Weg zurück als über deren flache Unterseite. Das Gesamtverhältnis zwischen anströmender und abströmender Luft ist nach den Gesetzen der Strömungslehre aber gleich. Daher muss die Luftgeschwindigkeit über dem Tragflügel zwangsläufig ansteigen.

Der Schweizer Mathematiker und Strömungstechniker Daniel Bernoulli und der italienische Physiker Giovanni Battista Venturi fanden in Versuchen heraus, dass der Luftdruck bei zunehmender

Strömungsgeschwindigkeit sinkt. Nach obiger Erkenntnis nimmt also der Druck über der Tragfläche ab und saugt die Flügel samt Flugzeug nach oben. Zur Veranschaulichung sei gesagt, dass dabei der Sog nach oben um das Dreifache höher ist, als der Druck von unten. Dass der eben beschriebene dynamische Auftrieb nicht nur Theorie ist, sondern in der Praxis auch funktioniert, sieht man tagtäglich an den unzähligen Flugzeugen am Himmel.

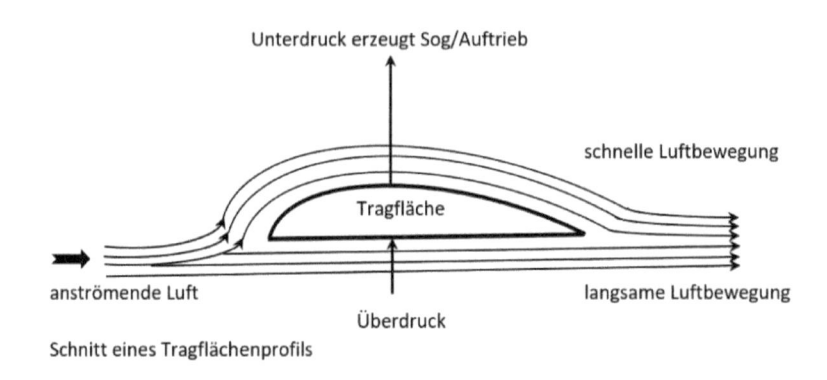

Unterdruck erzeugt Sog/Auftrieb

schnelle Luftbewegung

Tragfläche

anströmende Luft

langsame Luftbewegung

Überdruck

Schnitt eines Tragflächenprofils

Lassen Sie mich die strömungstechnischen Abläufe an den Tragflächen durch ein praktisches Beispiel verdeutlichen. Betrachten Sie Ihr Auto nach einer Regenfahrt einmal genauer. Sie werden feststellen, dass Ihr Fahrzeug am Heck besonders schmutzig ist. Theoretisch passiert hier genau das Gleiche, wie an der Tragfläche eines Flugzeuges.

Durch die Geschwindigkeit des Autos wird die angeströmte Luft über die Motorhaube und schließlich über das Fahrzeugdach abgelenkt und extrem beschleunigt. Unter dem Fahrzeug nimmt die Luft den geraden, kurzen Weg. Analog zur Tragfläche entsteht über dem Fahrzeug ein Unterdruck. Der Schmutz der Straße wird nach oben gesogen und klebt am Heck des eigenen Autos oder an der Windschutzscheibe des Nachfolgers. Das Phänomen des dynamischen Auftriebs ist des Piloten Freud und des Autofahrers Leid.

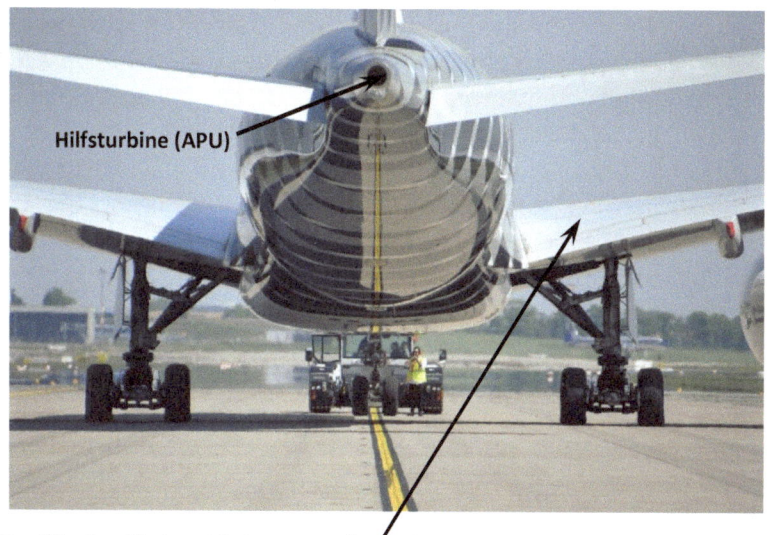

Tragflügelprofil eines A350 mit gewölbter Oberseite. *(Foto: Holzportz)*

Tragflächen einer Boing Stearman beim Flug in die Nordeifel. *(Foto: Holzportz)*

Zum Schluss dieses Abschnittes noch ein paar Informationen zu den Tragflächen und deren Anbauteile: An der Hinterseite der Flügel ragen unübersehbar mehrere große, spitz zulaufende Gebilde heraus. Um Spekulationen vorzubeugen sei gesagt, dass es sich hierbei nicht um Kerosintanks oder zusätzliche Gepäckstaufächer für die Besatzung handelt. Nein – hier sind die Wellengestänge untergebracht, die die Landeklappen in Position bringen. Sie werden von den sirrenden Stellmotoren im Rumpf des Flugzeuges angetrieben.

Bleiben wir an der Leeseite, also an der windabgewandten Seite der Tragflächen. Dort fallen dem aufmerksamen Beobachter die drahtförmigen Stäbe auf, die nach hinten zeigen. Sie dienen der Ableitung elektrostatischer Aufladungen und verhindern Störungen im Funkverkehr.

Und schließlich noch ein Wort zu den auffallend krumm nach oben gebogenen Flügelspitzen. Sie sind nicht etwa diverser Kollisionen mit Hallenwänden geschuldet, sondern sind tatsächlich gewollt und haben viele Vorteile! Schauen wir uns also diese Gebilde und deren Sinn im übernächsten Kapitel einmal genauer an. In diesem Zusammenhang müssen wir allerdings erst einmal einen kleinen Umweg nehmen und etwas über Wirbelschleppen erfahren. Denn sie spielen in diesem Zusammenhang eine zentrale Rolle. Sie entstehen hauptsächlich an den Flügelspitzen und beeinflussen den gesamten Flugverkehr, besonders aber an den Flughäfen, bei allen Starts und allen Landungen.

12.1 Wirbelschleppen – Supersog hinter dem Jet

Bei einem Flug nach Boston, USA, hatten wir den Anfang des Runway erreicht, bekamen aber keine Startfreigabe. Der Tower gab zwei kleineren Kurzstreckenflugzeugen den Vorrang. Wir verharrten also in der Warteposition, bis die beiden Jets in einem Abstand von etwa zwei Minuten abgehoben hatten. Hätte die Flugsicherung unserem großen, vierstrahligen Langstreckenflugzeug erstrangig die Starterlaubnis gegeben, dann hätten die beiden Kurzstreckler deutlich länger warten müssen. Denn – Flugzeuge erzeugen an ihren Tragflächen Luftwirbel. Je größer das Flugzeug ist, umso größer sind auch seine Wirbelschleppen, die es zwangsläufig hinter sich herschleppt.

Aber was sind eigentlich Wirbelschleppen? Wie entstehen sie, wie weit dehnen sie sich aus und welche Auswirkungen haben sie auf den nachfolgenden Flugverkehr.

Wir erinnern uns: Sobald sich ein Flugzeug in Bewegung setzt, strömt Luft über die Tragflächen. Durch die gewölbte Form der Flügel entsteht auf der Oberseite ein Unterdruck und auf der Unterseite ein Überdruck. Auftrieb entsteht. Hinter den Flügeln kommen beide Luftmassen wieder zusammen. Durch die hohe Druckdifferenz bilden sich dabei Verwirbelungen, die an sich noch nicht das Problem darstellen. An den Flügelspitzen, die sich zum Ende hin verjüngen, bricht die geführte Luftströmung ab. Über- und Unterdruck gleichen sich dort schlagartig aus. Dabei bilden sich heftige Wirbelzöpfe, die jedes Flugzeug hinter sich herzieht. Da sich diese Luftstrudel ungünstig auf die Bewegungsenergie des Flugzeuges auswirken, erhöhen sie den Kerosinverbrauch. Bei Start und Landung wird dieser Effekt durch die ausgefahrenen Klappen noch einmal verstärkt. Die Wirbelschleppen rotieren kreisförmig hinter dem Flugzeug, wie drehende Zöpfe. Interessant ist, dass sie sich an den beiden Flügelspitzen gegenläufig bewegen. Die Drehbewegung wird durch die Triebwerke noch einmal verstärkt. Bei großen Jets nehmen die Wirbel gewaltige Ausmaße an, sodass sie deutlich größer sind als das Flugzeug selbst. Sie können für nachfolgende Maschinen gefährlich werden, sobald der Abstand zu gering wird.

Wirbelschleppen sind nicht sichtbar und daher tückisch. Ganz anders verhält es sich dagegen bei Gewitterzellen. Sie können über das Wetterradar erfasst werden. Deren Intensität ist sehr gut einschätzbar. Stürme, die in großen Höhen vorherrschen sind bekannt und werden bei der Flugvorbesprechung und im Flugplan berücksichtigt. Bei unvorhersehbaren Turbulenzen sind vorausfliegende oder entgegenkommende Besatzungen angehalten, ihre Kollegen über derartige Wetterlagen zu informieren.

Übrigens: Ähnlich der Wirbelschleppen gibt es auch im Schiffsverkehr Sog und Wellenschlag. Es sind die Bug- und Heckwellen, die so manchem Sportschiffer, der sich zu nah an die Berufsschifffahrt herangetraut hat, ernste Probleme bereitet haben. Hier und auch in der Fliegerei ist das einzige Mittel, dieser Gefahr zu entgehen: Abstand halten!

Auch in großen Höhen sind Wirbelschleppen vorhanden und müssen beim Begegnungsverkehr zweier Flugzeuge beachtet werden. Piloten schenken dem Supersog vorausfliegender Kollegen große Aufmerksamkeit. Gerät man einmal in ihn hinein, wird das betroffene Flugzeug ordentlich durchgeschüttelt. Dann heißt es: Richtungswechsel und raus aus den Wirbelzöpfen. Die rotierenden Wirbel bewegen sich, der Schwerkraft folgend, in Richtung Erde. Auf dem Weg dorthin bringen sie immer mehr Luft in Rotation, wachsen an und werden schwerer. Dadurch erhöht sich die Reibung gegenüber der umgebenden Luft, die Wirbelzöpfe werden träge, verlieren an Fahrt und schwächen sich ab. Auch kräftiger Seitenwind stört deren Ausdehnung und Wirksamkeit.

In Bodennähe haben die Fluglotsen ein waches Auge auf dieses Phänomen und sorgen bei den startendenden und landenden Maschinen für ausreichenden Abstand. Diese unvermeidlichen Wartezeiten bestimmen letztendlich die maximale Anzahl der Starts und Landungen eines Flughafens.

12.2 Winglets – der Knick in der Tragfläche

Nicht nur die Flughafenbetreiber, sondern auch die Fluggesellschaften haben ein Interesse daran, die Wirbelschleppen hinter den Flugzeugen zu verringern. Strömungstechniker und Ingenieure arbeiten daher intensiv an Lösungen. Kommen wir also zurück zur Betrachtung der Tragflächen: Winglets in all ihren Varianten sind die Antworten auf die Forschungen im Windkanal. Die gebogenen Flügelverlängerungen verringern wirkungsvoll die störenden Luftstrudel.

Schlagen wir hierzu einen kleinen Bogen zur Natur: Wenn Sie sich die Flügelenden unserer großen Raubvögel einmal anschauen, werden Sie frappierende Ähnlichkeiten feststellen. Im langsamen Gleitflug sind die langen gefächerten Schwungfedern bei Bussard, Adler oder Kondor deutlich zu erkennen. Sie sind manchmal nach oben, nach unten oder auch nach hinten gerichtet. Sie erhöhen durch ihre Form die Fluggeschwindigkeit und den Auftrieb.

Beim Flugzeug nennt man sie Winglets. Sie verändern die Geometrie der Flügel, wodurch die Rotationsgeschwindigkeit und die Intensität der Schleppen herabgesetzt wird. Die großen Wirbel an den Flügelenden werden durch die Winglets in viele kleine Randwirbel zerlegt. Dadurch verbessert sich der Auftrieb, der

Luftwiederstand wird reduziert und damit verringert sich auch zwangsläufig der Spritverbrauch. Im Zentrum der Wirbel ist der Druck vergleichsweise gering und die Luft kühlt dort bis zum Taupunkt ab. Bei hoher Luftfeuchtigkeit wird dadurch gelegentlich an den Tragflächenenden ein feiner weißer Kondensstreifen sichtbar.

Die klassischen Winglets sind kurze, schräg nach oben ausgerichtete Flügelverlängerungen, die scharfkantig am Ende der Tragfläche nach oben abknicken. Die Boeing 747-400 (Jumbo) ist beispielsweise mit klassischen Winglets ausgestattet.

Blendet Winglets oder Sharklets verlängern die Tragflächenspitze in einem weichen, fließenden Übergang. Sie reichen weit nach oben. Beim Airbus A320-Neo ragen die Sharklets 2,50 Meter über die eigentliche Tragfläche hinaus.

Raked Wingtips haben mit der klassischen Form der Winglets kaum etwas gemein. Man erkennt sie als pfeilartige Verlängerungen der Flügelspitzen, die hauptsächlich in einem leichten Schwung nach hinten und nur wenig nach oben zeigen. Boeing verbaut an der 787 und an der 747-8 derartige Flügelspitzen.

Und schließlich noch die Wingtip Fences. Sie zeigen sowohl nach oben als auch nach unten. Ihre Übergänge zum Tragflügel sind hart und kantig. Am Airbus A380 sind Wingtip Fences verbaut.

Winglets erhöhen die Startleistung der Flugzeuge, weil sie die bremsenden Wirbelschleppen verringern. Dadurch wird weniger Schub benötigt, die Maschine steigt schneller und der Startvorgang wird insgesamt leiser. Sie senken den Kerosinverbrauch, vergrößern die Reichweite und erhöhen die Taktzahl auf den Flugplätzen, weil der Abstand zwischen den startenden und landenden Maschinen verringert werden kann. Andererseits erhöht die Verlängerung der Flügelspitzen auch das Gesamtgewicht der Flugzeuge. Daher sind Winglets nicht in jedem Fall zielführend, wenn man nämlich den Mehrverbrauch an Kerosin durch das erhöhte Gewicht und andererseits die Spriteinsparung durch die verbesserten Flugeigenschaften gegenrechnet. Bei Kurzstreckenflugzeugen verzichten daher einige Gesellschaften auf die abgewinkelten Flügelspitzen. Wenn Sie also in ein Flugzeug ohne Winglets einsteigen heißt das nicht, dass Sie in einem alten Flugzeug sitzen. Vielmehr wurde hier vermutlich aus ökonomischen Gründen auf die Flügelverlängerung verzichtet.

Die Vielfältigkeit der Winglets und die sich ständig ändernden Formen können nicht immer eindeutig den oben beschriebenen Kategorien zugeordnet werden. Zu erklären, warum die Ingenieure die Konturen an den Flügelenden so unterschiedlich gestalten ist hoch komplex und den intensiven aerodynamischen Forschungen geschuldet. Dies zu verstehen wird aber an Ihrer Flugangst nichts ändern! Einigen wir uns einfach auf den Begriff: Winglets. Hiermit liegen Sie in jedem Fall richtig!

Wingtip Fences *(Foto: Holzportz)*

Sharklets, des neuen Airbus A350 XWB (e<u>x</u>tra <u>W</u>ide <u>B</u>ody)

Sharklets auch Blendet Winglets genannt *(Fotos: Holzportz)*

12.3 Klappen und Ruder – hier wird gesteuert

Mit einer Vielzahl von Klappen und Ruder bringen die Piloten das Flugzeug in den Kurvenflug, aber auch in den Steig- und Sinkflug. Sämtliche Klappen die sich an der hinteren Seite der Tragflächen befinden, heißen Flaps. Slats oder Vorflügel nennt man dagegen die Klappen an der vorderen Seite. Spezielle Klappen sorgen beim langsamen Flug, also bei Start und Landung, für den nötigen Auftrieb. All diese Steuerelemente sind an den Tragflächen und an der hinteren Heckflosse zu finden. Die hinteren Höhen- und Seitenleitwerke bestehen dabei aus einem feststehenden- und einem beweglichen Teil. Hierbei wird das feststehende Gebilde als Flosse und die beweglichen Teile als Ruder bezeichnet. An der Tragfläche ist der Aufbau ähnlich. Auch hier finden wir einen feststehenden Teil sowie mehrere bewegliche Rudereinheiten. Dies sind im Wesentlichen die Querruder, die den Kurvenflug ermöglichen, die Spoiler, die im Sinkflug sowie bei der Landung eingesetzt werden und schließlich die Landeklappen, die an der vorderen und hinteren Seite der Flügel den Auftrieb erhöhen.

Alle beweglichen Teile haben aerodynamisch die gleiche Wirkung. Beim Ruderausschlag wird der Auftrieb an den Tragflächen und am hinteren Leitwerk verändert, wodurch das Flugzeug steuerbar wird. Je nach Steuerbefehl kann es sich dabei um 3 Achsen drehen: Die Längsachse, die von hinten nach vorne durch die lange Achse des Flugzeuges verläuft; die Querachse, die durch die beiden Tragflächen, von einer Flügelspitze zur anderen verläuft; und die Hochachse, die im Schwerpunkt des Flugzeuges von unten nach oben verläuft. Verkehrsflugzeuge werden also aerodynamisch über die Veränderung des Auftriebes an den Tragflächen und am hinteren Leitwerk gesteuert. Im folgenden Kapitel werden die wesentlichen Funktionen der einzelnen Klappen und deren Ansteuerung erklärt.

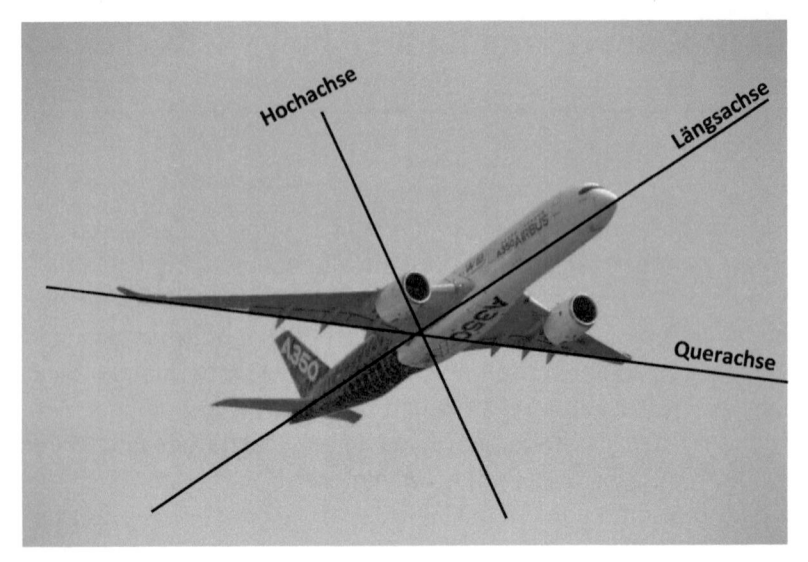

Die Steuerachsen des Flugzeuges (Foto: Holzportz)

12.4 Fly-by-Wire – Sidestick oder Steuersäule

Bei den meisten Flugzeugtypen – und speziell bei Boeing – lenken die Piloten das Flugzeug über Steuersäulen. Sie sind jeweils mittig vor Kapitän und Co-Pilot angebracht. Oben auf der Steuersäule befindet sich das Steuerhorn, das Lenkrad der Piloten. Früher wurden die Bewegungen an der Steuersäule über Schubstangen, Seilzüge und Umlenkrollen an die Klappen übertragen. Heute werden die Impulse, ähnlich der Airbus Fly-by-Wire Steuerung, elektronisch an hydraulische Stellmotoren weitergegeben. Die beiden Steuersäulen sind direkt miteinander gekoppelt und bewegen sich synchron.

Windkräfte, die von außen auf die Klappen einwirken, werden über die Elektronik gespiegelt und künstlich auf die Steuersäule projiziert. Auf diese Weise wird die alte Seilzugtechnik simuliert und die Piloten erhalten ständig aktuelle Rückmeldungen über das Flug- und Windgeschehen von außen.

Wird das Steuerhorn (Control Wheel) nach links gedreht, neigt sich auch das Flugzeug nach links und fliegt eine Kurve. Die Maschine hält die eingestellte Seitenneigung so lange bei, bis das Steuerrad manuell wieder in die Neutralstellung gebracht wird. Danach nimmt die Maschine auf dem neuen Kurs den normalen, horizontalen Flug wieder ein.

Um das Flugzeug steigen zu lassen, muss die Steuersäule nach hinten gezogen werden. Zur Einleitung des Sinkfluges wird sie nach vorne geschoben.

Bei Airbus erfolgt die Steuerung über ein computerüberwachtes Fly-by-Wire-System mit Sidestick. Dieser Sidestick, ähnlich einem Joystick, befindet sich jeweils links vom Kapitän und rechts vom Co-Piloten. Über ihn erhalten die Hydraulikantriebe ihre Impulse. Ende der 1980er-Jahre läutete Airbus die neue Ära in der zivilen Luftfahrt ein. Die A320 war das erste Passagierflugzeug mit Fly-by-Wire Steuerung und mit der A340 wurde das erste zivile Großraumflugzeug mit diesem elektronischen Steuerhebel ausgestattet.

Der Sidestick wird einhändig bedient. Airbus hat von vorne herein auf die elektronische Übertragung der Steuersignale gebaut. Entgegen des Boeingkonzeptes erfährt hier der Pilot allerdings keine elektronisch simulierte Rückmeldung der Kräfte, die auf die Klappen und Ruder von außen einwirken. Auch fehlt die Synchronisation der Sidesticks zwischen Kapitän und Co-Pilot. Aktive Sidesticks sind in der Testphase, die die oben beschriebenen Rückmeldungen der Kräfte von außen an die Piloten weitergeben sollen.

Grundsätzlich überwacht ein Computer die Flugbewegungen und verhindert Manöver, die zu Beschädigungen der Maschine oder zu kritischen Flugsituationen führen könnten. Bei komplett nach hinten gezogenem Sidestick würde beispielsweise der maximal mögliche Steigflug eingeleitet. Sollte dabei allerdings die minimal erforderliche Geschwindigkeit unterschritten werden, würde der Computer automatisch eingreifen, bevor es zu einem Strömungsabriss käme.

Bewegt der Pilot den Sidestick nach links oder rechts, misst ein Sensor diese Eingabe und leitet sie elektronisch an einen Computer weiter. Dieser berechnet den notwendigen Ausschlag der Querruder und leitet die geforderte Kurve ein. Der Computer berücksichtigt dabei die aktuelle Fluglage, die Geschwindigkeit, die Höhe und den Wind. Sollte der Rechner ausfallen, kein Problem! Alle Computer sind redundant, also mehrfach vorhanden! Über einen roten Knopf auf dem Sidestick, dem priority-Pushbutton, kann der Autopilot ausgeschaltet werden. Bei längerem Drücken dieses Knopfes wird auch die Funktion des zweiten Sticks abgeschaltet, damit gleichzeitige und dabei unterschiedliche Flugbefehle unterbunden werden.

Airbus war von Anfang an bemüht, die Cockpits ihrer Flugzeugfamilien möglichst gleich zu gestalten, damit die Crews bei entsprechender Ausbildung flexibel austauschbar sind.

vordere Landeklappen (Vorflügel, Slats)   Seitenruder   Winglets (Sharklets)

hintere Landeklappen (Flaps)   Querruder   Höhenruder

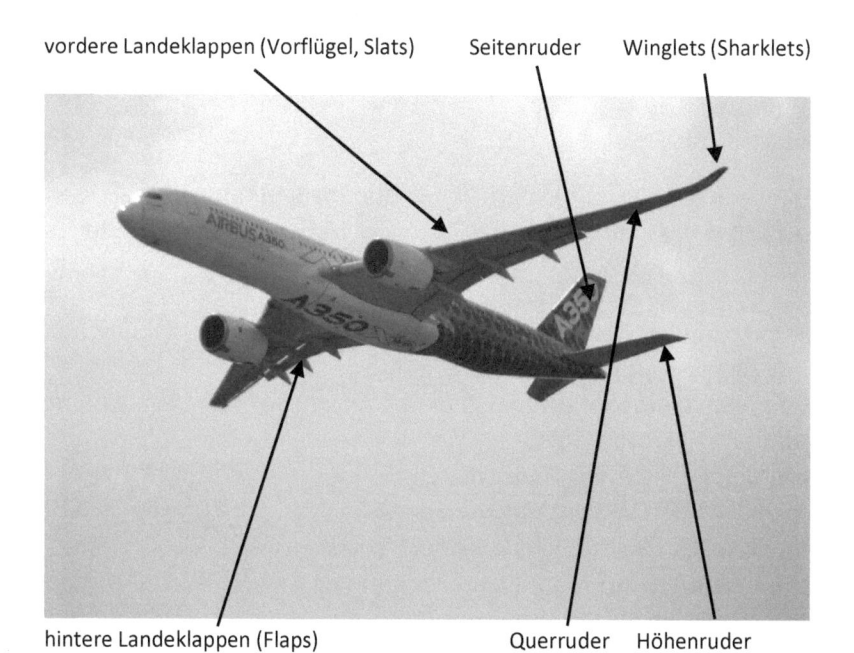

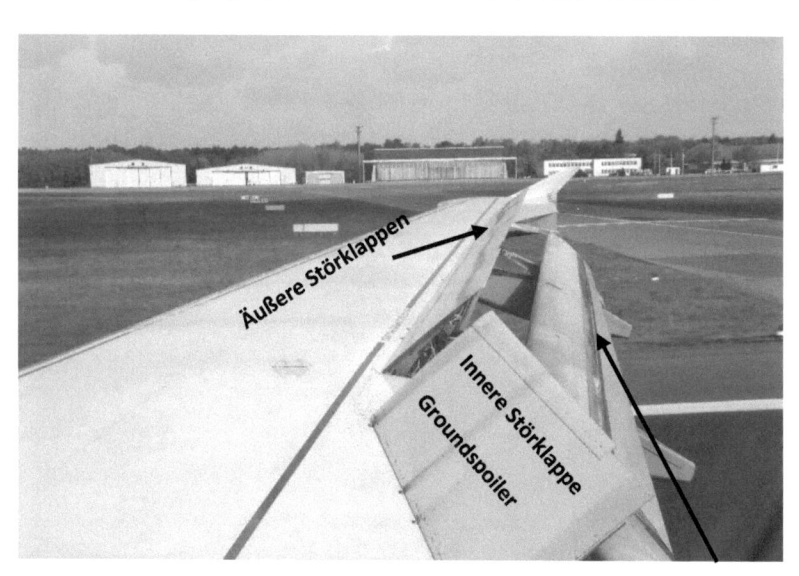

Äußere Störklappen

Innere Störklappe
Groundspoiler

(Fotos: Holzportz)   hintere Landeklappen (Flaps)

12.5 Querruder – sie fliegt nur eine Kurve

Die Querruder sind für den Kurvenflug maßgebend. Sie befinden sich an den Flügelenden, nach hinten, zum Heck des Flugzeuges gerichtet.

Betrachten wir den Kurvenflug am Beispiel einer Rechtskurve etwas genauer. Dabei spielt es keine Rolle, ob die Richtungsänderung vom Autopiloten oder manuell ausgelöst wird. Der Steuercomputer gibt das Signal an die entsprechende Hydraulikpumpe weiter. In unserem Fall wird das Querruder an der rechten Tragfläche nach oben bewegt. Dadurch reduziert sich der Auftrieb an dieser Seite. Um eine gleichmäßige Kraft- und Lastverteilung zu erreichen, wird synchron das Querruder an der linken Tragfläche nach unten bewegt, was dort wiederum eine Auftriebserhöhung bewirkt. Das Flugzeug neigt sich in die Seitenlage und durchfliegt eine Rechtskurve.

Unterstützend kann beim Kurvenflug auch der Flightspoiler, also die äußere Störklappe eingesetzt werden. In unserem Fall fährt dabei die Klappe auf der rechten, oberen Tragfläche minimal hoch. Durch sie wird die saubere Strömung über dem Flügel gestört, der Widerstand erhöht und der Auftrieb reduziert. Die Kurve kann nun enger geflogen werden. Aber: Je enger die Kurve – umso stärker die Seitenneigung der Maschine! Das gefällt nicht jedem Passagier.

Tragflächenprofil mit ausgefahrenen Start-/ Landeklappen. Sie dienen der Erhöhung des Auftriebes. Gut zu erkennen, die nach hinten herausragenden, spitz zulaufenden Stellantriebe. *(Fotos: Holzportz)*

Die Zuhilfenahme der Störklappen hat beim Kurvenflug noch einen weiteren, positiven Effekt. Das Anstellen der Querruder verursacht an den Tragflächen eine leichte Verdrehung (Torsion). Diese Kräfte werden durch den Einsatz der Flightspoiler herabgesetzt. Während des Fluges verhindert die Bordelektronik das Ausfahren der Groundspoiler, da diese eine erhebliche Verminderung des Auftriebes bewirken würden. Erst nach Aufsetzen des Flugzeuges auf dem Boden können alle Störklappen ausgefahren werden. Hierdurch wird ein erneutes, ungewolltes Abheben oder „Springen" der Maschine verhindert.

Jeder Kurvenflug ist mit einem seitlichen Abkippen verbunden. Die Maschine „rollt". Unvermittelte, nicht vorhersehbare Flugmanöver werden von den allermeisten Passagieren als unangenehm empfunden und gehen nicht selten mit einem gehörigen Schrecken einher. Hinzu kommen die veränderten Motorengeräusche und das Surren der Hydraulikpumpen im Rumpf, die mit hohem Kraftaufwand die Klappen gegen den enormen Luftwiderstand bewegen müssen. Besonders im Landeanflug löst das Rollen in kurzer Distanz zum Boden bei den meisten Passagieren Stress aus.

12.6 Seitenruder – starten ohne Schlingern

Das Seitenruder befindet sich am hinteren Ende der aufrechtstehenden Heckflosse, dem Leitwerk. Die Bedienung erfolgt bei Airbus über zwei Pedale, die sich im Fußraum der Piloten befinden. Das Seitenruder dient der Stabilisierung des Flugzeuges beim Beschleunigen auf der Startbahn und nach dem Aufsetzen auf der Landebahn.

Das Seitenruder hält die Maschine also beim schnellen Rollvorgang in der Spur. Während des Fluges wird es manchmal, bei seitlichen Windböen, zur Verbesserung der Fluglage eingesetzt.

Grundsätzlich werden Flugzeuge über das Seitenruder ausgetrimmt, um ein Gieren über die Hochachse zu vermeiden (s. hierzu Kapitel: Trimmung – Balance ist alles).

Diese Steuerfläche spielt auch bei einem möglichen Triebwerksausfall eine wichtige Rolle. Durch entsprechenden Ruderausschlag wird die auftretende Asymmetrie bei dem einseitigen Schubverlust kompensiert. Dieses Ereignis tritt jedoch äußerst selten auf! Und glauben Sie mir – das Flugzeug kann mit diesem Störfall problemlos weiterfliegen und auch völlig normal gelandet werden.

Seitenruder

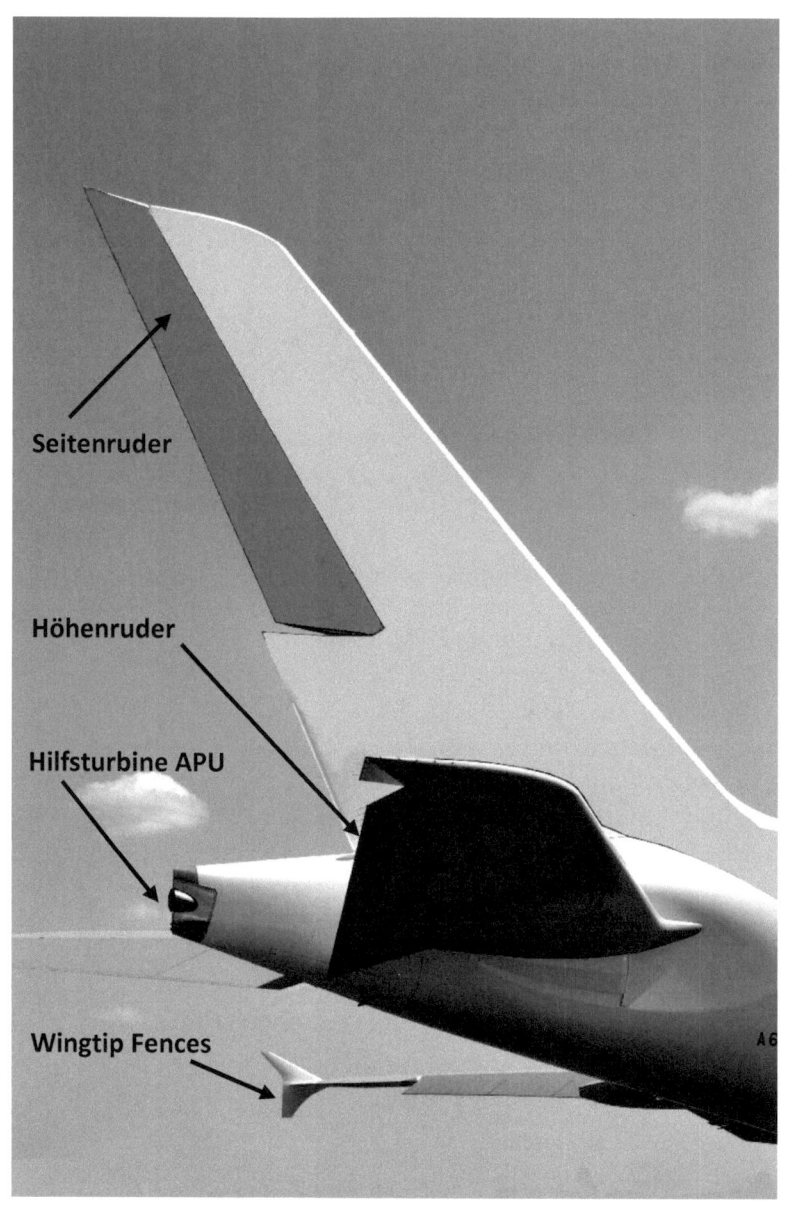

Höhenruder

Hilfsturbine APU

Wingtip Fences

Leitwerk *(Foto: Holzportz)*

Pedale zur Bedienung des Seitenruders und der Bremsen   *(Foto: Holzportz)*

Beim Kurvenflug kommt das Seitenruder normalerweise nicht zum Einsatz. Es wird allerdings bei Seitenwindlandungen zu einem wichtigen Steuerelement. Jeder hat sicherlich schon Bilder und Videos einer „crosswind Landung" gesehen. Markant schwebt dabei das Flugzeug quer zur Bahn, mit der Nase gegen den Seitenwind ein. Kurz vor dem Aufsetzen drehen die Piloten die Maschine mittels Seitenruder gerade zur Bahn. Spätestens beim Bodenkontakt des Bugfahrwerkes muss das Seitenruder wieder neutral gestellt sein, da nach dem Einfedern des Fahrwerkes auch die Bugradlenkung über die Pedale beeinflusst wird. Offengestanden sind diese Landungen anspruchsvoll, aber nicht außergewöhnlich, da sie in Simulatoren permanent trainiert werden.

12.7 Landeklappen – gemächlich zur Erde

In Meereshöhe beträgt die Standardluftdichte 1,225 kg/m³ (bitte nicht mit Luftdruck verwechseln). Sie ist damit am Erdboden etwa dreimal höher als in Reiseflughöhe. Die hohe Dichte ist sehr hilfreich für den Auftrieb im langsamen Flug.

Zur Erinnerung: Der Überdruck unter den Tragflächen und der starke Unterdruck über den Tragflächen sorgen dafür, dass Flugzeuge fliegen. Beim Start und der Landung wird bei geringer Geschwindigkeit, ein Maximum an Auftrieb benötigt. In dieser Flugphase kommen die Landeklappen zum Einsatz. Sie werden aus den Tragflächen nach hinten (Flaps) und nach vorne (Slats) ausgefahren. Hierdurch vergrößert sich nicht nur die Flügelfläche, sondern auch die Krümmung. Die Vorflügel (Slats) optimieren dabei die Strömungsverhältnisse und verhindern einen Abriss der vorbei streichenden Luftmassen im langsamen Flug. Da sich mit der Krümmung auch die Luftgeschwindigkeit über der Tragfläche erhöht, steigt gleichzeitig der Sog nach oben. Durch die Formveränderung der Tragflächen wird im langsamen Landeanflug und natürlich auch beim Start der bestmögliche Auftrieb erreicht.

Zugegeben, in den Minuten vor der Landung geht es manchmal ganz schön holprig zu. Das Flugzeug schüttelt sich, sackt unvermittelt durch, steigt dann wieder, fliegt Kurven nach links, dann wieder nach rechts. Aufregend für jeden Passagier, denn niemand in der Kabine kann vorhersehen, wann die Maschine mit weiteren, unvermittelten Flugmanövern neuen Kurs aufnimmt.

Es sind, wie schon in vorherigen Kapiteln beschrieben, normale Szenarien während des Landeanfluges. Trotzdem sind diese Momente immer die aufregendsten Minuten für die Passagiere. Je nach Flugverkehrsaufkommen und Wetterlage wird die letzte

Flugphase, beginnend mit dem Absinken immer wieder unterschiedlich sein. Die Angst weicht erst beim Aufsetzen auf der Landebahn. Dann trocknet sich so mancher Fluggast die schweißnassen Hände.

12.8 Höhenruder – ganz schön hochnäsig

Wie der Name bereits ausdrucksvoll sagt, dient das Höhenruder dazu, das Flugzeug so auszurichten, dass es Höhe gewinnen oder verlieren kann.

Zum besseren Verständnis ist zunächst ein kleiner Exkurs zur Definition der Höhen erforderlich: Der mittlere Luftdruck unserer Erdatmosphäre beträgt auf Meereshöhe 1013,25 hPa und definiert sich vereinfacht aus der Gewichtskraft der Luftsäule, die auf uns lastet. Diese Gewichtskraft nimmt mit steigender Höhe ab. Daher wird der atmosphärische Druck auch hydrostatischer Druck genannt. Computer rechnen den Druck in Höhenmeter bzw. Fuß um.

Unter Flughöhe versteht man die tatsächliche Höhe des Fliegers über Grund. Sie ist eine wichtige Darstellungsmethode der geflogenen Höhe in Bezug auf den Sicherheitsabstand zum darunter liegenden Gelände. Anders bei der Flugfläche. Hier gilt die Höhe gleichen Luftdrucks. Sie wiederum ist eine wichtige Abbildung der Höhe in Bezug auf andere Luftfahrzeuge. Standardmäßig werden alle Höhenmesser einheitlich eingestellt, und zwar so, dass sie bei einem Luftdruck von 1013,25 hPa eine Höhe von 0,00 Meter bzw. Fuß über Meereshöhe anzeigen. Die tatsächliche Höhe, auf der sich das Flugzeug aktuell befindet, bezieht sich dann immer auf die standardisierte Grundeinstellung. Diese klare und einheitliche

Bezugsgröße gilt für alle Flugzeuge, die ihre Höhe auf die Flugfläche beziehen. Es ist international üblich, die Flughöhe in ft (Fuß) anzugeben. Auf dieser Einheit basiert auch die Definition der Flugfläche. Die Flugfläche multipliziert mit 100, ergibt die Höhe in Fuß. Befindet sich ein Flugzeug also auf der Flugfläche 100, dann zeigt sein Höhenmesser unter Standardbedingungen 10.000 Fuß an. Umgerechnet sind das 3048 Meter.

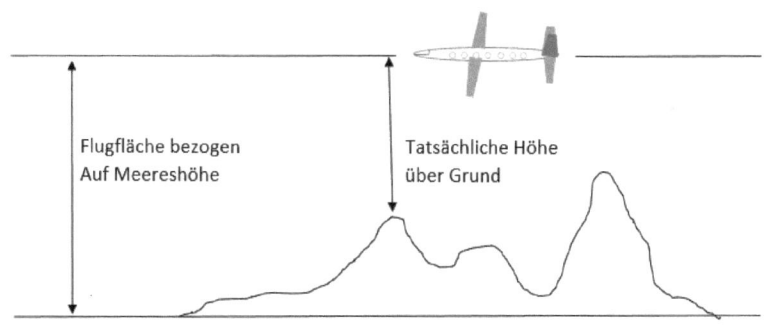

Flugfläche bezogen
Auf Meereshöhe

Tatsächliche Höhe
über Grund

1013,25 hPa entspricht 0,00 Meter über Meereshöhe

Darstellung der Flugfläche gegenüber der tatsächlichen Höhe über Grund

Zusammenfassend in der Übersicht:

10.000 ft (Fuß) entsprechen gerundet 3.000 m.
1.000 m entsprechen gerundet 3.300 ft (Fuß).
Die Flugfläche 100 entspricht 10.000 ft bzw. ca. 3000 m.

Aber nun wieder zurück zu den Höhenrudern.

Auch die Höhenruder befinden sich, wie die Seitenruder, am hinteren Leitwerk des Flugzeuges. Allerdings nicht an der aufrechtstehenden Flosse, sondern an den horizontalen, hinteren Tragflächen. Sie werden bei Boeing über die Steuersäule und bei Airbus über den Sidestick bedient. Im normalen Reiseflug ist das Flugzeug so getrimmt, dass es horizontal in der Luft liegt. Es ist also im vorderen Teil der Maschine, vor der Querachse, genauso „schwer", wie im hinteren Teil, hinter der Querachse.

Höhen- und Seitenruder *(Foto: Holzportz)*

Drückt der Pilot den Steuerhebel nach vorne, bewegen sich die beiden Höhenruder nach unten. Das sorgt für mehr Auftrieb an der Heckflosse. Das Heck wird dadurch scheinbar leichter und bewegt sich nach oben, das Flugzeug dreht über den Schwerpunkt, bzw. über die Querachse und die Nase senkt sich. Sinkflug! Umgekehrt findet der Steigflug statt.

Der übliche Anstellwinkel eines Passagierflugzeuges im Steigflug beträgt etwa fünfzehn Grad. Das entspricht ungefähr zweihundertsiebzig Höhenmeter pro Flugkilometer. Wichtig ist, dass bei großem Anstellwinkel auch die Triebwerksleistung ausreicht. Die Geschwindigkeit muss im Steigflug gehalten werden, damit die anströmende Luft auch weiterhin der Form der Tragflächen folgen kann. Die moderne Bordelektronik überwacht und vergleicht permanent den Anstiegswinkel mit der Geschwindigkeit. Sie verhindert Flugmanöver, die einen Strömungsabriss zur Folge haben könnten.

12.9 Trimmung – Balance ist alles

Ein unbeladenes Flugzeug hat einen konstruktiven Schwerpunkt. Genau wie ein Besenstiel. Zugegeben, das Beispiel mag Ihnen abstrus erscheinen. Aber legen Sie einmal einen Besenstiel auf Ihren Zeigefinger. Irgendwo gibt es einen Punkt, bei dem dieser Stiel seinen Schwerpunkt hat und ausbalanciert auf Ihrem Finger ruht. Bei einem Flugzeug ist das vergleichbar. Je nach Beladung der Maschine wandert der Schwerpunkt nach vorne, nach hinten aber auch nach rechts oder links.

Nehmen Sie sich nun, statt des Besenstiels, einen kompletten Besen in die Hand. Ihr Zeigefinger muss deutlich weiter in Richtung der Borsten wandern, damit das Gebilde wieder stabil auf Ihrem Finger ruht. Hier liegt der Schwerpunkt also an ganz anderer Stelle, als beim nackten Stiel. Genau wie der Besen auf dem Zeigefinger muss das Flugzeug vor dem Start vollständig ausbalanciert werden, damit es ruhig und stabil in der Luft liegt. Die Fachleute sprechen dabei von Trimmung.

Am Boden muss durch die Cockpitbesatzung zunächst der Schwerpunkt berechnet werden. Hierzu wird das Flugzeug in Sektoren eingeteilt. Beladung, Betankung und Anzahl der Passagiere werden erfasst und den Sektoren zugeordnet. Das Gewicht pro Abschnitt wird in den Bordcomputer eingegeben, der daraus den aktuellen Schwerpunkt errechnet. Dieser Wert wird über die schwarzen Trimmräder in der Mittelkonsole des Cockpits eingedreht.

Automatisch werden nun die Grundstellungen der Ruder an die aktuelle Situation angepasst. Ein gut getrimmtes Flugzeug bewegt sich in der Luft, bei gleichbleibender Geschwindigkeit und Neutralstellung aller Klappen und Ruder, exakt im Geradeausflug.

Durch äußerst komplizierte dynamische Kräfte verändert sich der Schwerpunkt während des Fluges immer wieder aufs Neue. Daher wird die Trimmung vom Bordcomputer permanent überprüft und automatisch angepasst. Der dynamische Schwerpunkt wird unter anderem durch den Kurvenflug, den Steig- oder Sinkflug, durch die Entnahme des Treibstoffes – aber auch durch den übermäßigen Harndrang der Passagiere verändert.

Das Flugzeug bewegt sich im dreidimensionalen Raum. Daher unterscheidet man grundsätzlich auch drei verschiedene Trimmarten:

Die Höhenrudertrimmung erfolgt über die Höhenflosse am Heck der Maschine. Wenn beispielsweise der Bug überladen ist und dadurch der Schwerpunkt zu weit vorne liegt, würde der Flieger permanent buglastig sein. Die Nase hätte das Bestreben, in den Sinkflug zu gehen, und die Piloten müssten ständig gegensteuern. Diese Bewegung um die Querachse wird als Nicken bezeichnet. Bei der Trimmung wird in diesem Fall die gesamte Höhenflosse nach oben korrigiert, sodass sich die Nase (der Bug) im Flug hebt.

Wie bereits im Kapitel „Seitenruder – starten ohne Schlingern" beschrieben, würde bei einem Triebwerksausfall das Flugzeug in Richtung der ausgefallenen Turbine abdrehen, da auf der intakten Seite der Schub größer ist, als auf der antriebslosen Seite. Die Drehbewegung um die Vertikalachse wird als Gieren bezeichnet und kann durch die Trimmung des Seitenruders an der aufrechtstehenden Heckflosse verhindert werden.

Die dritte Form der Trimmung liegt in der Querrudertrimmung. Die Querruder befinden sich an den Hinterseiten der Tragflächen und werden für den Kurvenflug eingesetzt. Das Flugzeug kann zum Beispiel durch asymmetrische Beladung den Hang zur Seitenlage haben. Die Drehbewegung um die Längsachse wird in der Fachsprache als Rollen bezeichnet und kann durch kleine verstellbare Flächen an den Querrudern wirkungsvoll verhindert werden. In den nachfolgenden Grafiken werden zur Veranschaulichung die Rotationsachsen und die wichtigsten Ruder und Klappen noch einmal dargestellt.

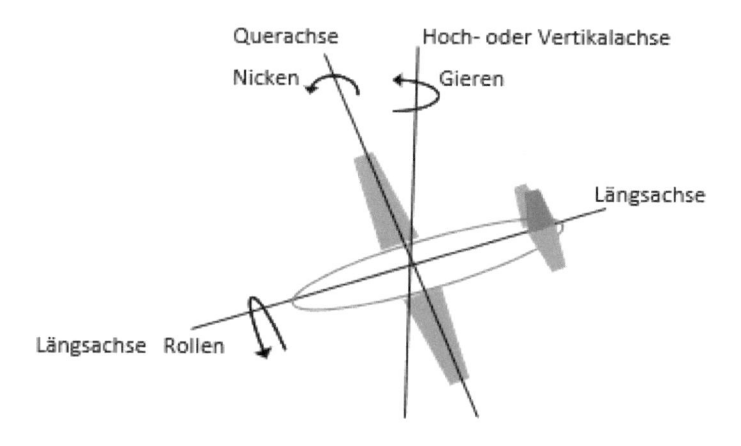

Die Rotationsachsen eines Flugzeuges

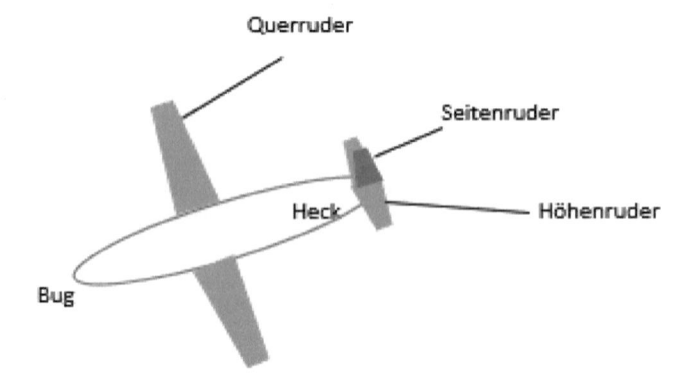

Die wichtigsten Ruder und Klappen eines Flugzeuges

Sämtliche Steuerflächen eines Flugzeuges können aerodynamisch nur dann wirksam werden, wenn sie von einer ausreichend großen Menge Umgebungsluft angeströmt werden. Dies wiederum ist nur dann der Fall, wenn die Geschwindigkeit der Maschine hoch genug ist. Und hier kommen die Triebwerke ins Spiel, die wir uns im folgenden Abschnitt einmal genauer anschauen werden.

13 Triebwerke und Fahrwerke

13.1 Triebwerke – Pferdestärken pur

Der Airbus A340, den ich auf einem Flug von Frankfurt nach Addis Abeba im Cockpit erleben durfte, war das erste, vom europäischen Hersteller Airbus-Industries gebaute Verkehrsflugzeug mit vier Triebwerken. Die Endmontage fand im französischen Toulouse statt. Bis Ende November 2011 wurden rund 370 Flugzeuge dieses Typs ausgeliefert. Danach stellte Airbus die Produktion des Musters ein.

Ein Triebwerk wiegt, je nach Ausführung und Flugzeugtyp etwa fünf bis sechs Tonnen und hat einen Wert von 10 bis 15 Millionen Euro. Bei einem großen, viermotorigen Flugzeug gibt der Käufer alleine 60 Millionen Euro für die Triebwerke aus. Diese wiegen zusammen rund 24 Tonnen.

Düsentriebwerke sind Strahltriebwerke. Sie sind die Kraftwerke des Flugzeuges und entwickeln den Schub nach dem Prinzip des Rückstoßes. Heute kommen fast ausschließlich Turbofan, also Mantelstromtriebwerke zum Einsatz. Die Funktionsweise soll im Folgenden kurz erklärt werden: Kalte Umgebungsluft wird im vorderen Teil des Triebwerkes durch die sichtbaren Triebwerksschaufeln (Fan) angesaugt und verdichtet. Ein Teil dieser Luft wird in mehreren Verdichterstufen komprimiert. Die durch die Verdichtung bereits stark vorgeheizte Luft wird mit Kerosin vermischt und in der Brennkammer unter hohen Temperaturen gezündet. Die Verbrennungsgase breiten sich unter hoher Geschwindigkeit aus. Bevor jedoch der Abgasstrom das Triebwerk verlässt und als

Antriebsstrahl wirksam wird, durchströmt er zunächst die Hochdruckturbine. Sie besteht aus Flügelrädern, die durch den Abgasstrahl in Drehung versetzt werden. Die Welle der Hochdruckturbine ist mit den Verdichterstufen gekoppelt und treibt diese an. Das heiße Abgas durchströmt als letztes die Niederdruckturbine, die wiederum als Antrieb für die Eintrittsschaufeln (Fan) dient. Die Hoch- und Niederdruckturbinen sind also der eigentliche Motor des Triebwerkes. Am Ende der Turbine verengt sich der Austrittskanal, die Abgase werden beschleunigt und verlassen unter sehr hoher Geschwindigkeit die Schubdüse und damit das Triebwerk. Der größte Teil des Luftstromes wird jedoch durch einen Seitenkanal an der Turbine vorbeigeführt. Dabei wird die Außenluft durch den Fan angesaugt, beschleunigt und in den Triebwerksmantel gepresst. Weiter hinten verengt sich dieser Kanal, wodurch die Luft vor dem Austritt stark beschleunigt wird. Durch das Gesamtverhältnis der austretenden Verbrennungsgase und dem Mantelstrom entsteht ein Rückstoß, der die eigentliche Schubkraft für das Flugzeug erzeugt und dieses nach vorne treibt. Der Mantelstrom erzeugt dabei jedoch den größten Teil des Schubes, verringert den Kerosinverbrauch und senkt die Geräuschentwicklung erheblich.

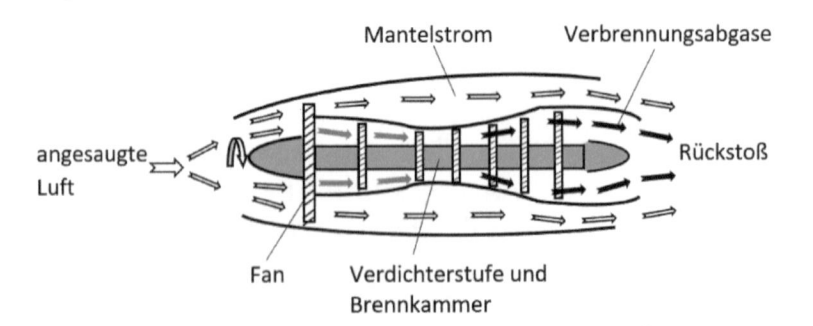

Mantelstromtriebwerk

Triebwerke *(Foto: Holzportz)*

Über das Triebwerk wird nicht nur der Schub erzeugt, sondern auch der elektrische Strom für den gesamten Flieger. Darüber hinaus wird aus dem Seitenkanal des Triebwerkes ein Teilstrom der erwärmte Außenluft, die sogenannte Zapfluft abgenommen und der Klimaanlage zugeführt. Dadurch werden Passagiere und Besatzung mit Atemluft versorgt und die Kabine auf den jeweils erforderlichen Druck gebracht.

Im militärischen Bereich, bei Kampf-, Jagd- und Aufklärungsflugzeugen kommen Hochleistungstriebwerke mit zusätzlichen Turbonachbrennern zum Einsatz. Werden die Nachbrenner zugeschaltet, sind die Flammen am Ausgang der Düsen deutlich erkennbar.

Zum Starten des Triebwerkes wird die Turbine zunächst über die Druckluft des Hilfstriebwerkes (APU) oder über die flughafeneigene Druckluftversorgung auf Mindestdrehzahl gebracht. Über die vorderen Turbinenschaufeln (Fan) wird dabei Umgebungsluft angesaugt, komprimierte, in die Verbrennungskammer eingeblasen, mit Kerosin versetzt und durch Zündkerzen zur Explosion gebracht. Dort verbrennt das Gemisch unter hohen Temperaturen. Laufen die Triebwerke stabil, wird die Zündung abgeschaltet und die Verbrennung läuft eigenständig ab.

Strahltriebwerke sind wegen ihrer Präzisionsbauteile empfindlich gegen eingesaugte Fremdstoffe und Vogelschlag. Auftreffende Hagelkörner und Wassertropfen sind dagegen auch bei schweren Niederschlägen unproblematisch. Die Überwachungsbehörden haben strenge Regeln für die Sicherheit der Triebwerke erlassen. Alle neu entwickelten Motoren werden grundsätzlich einem Vogelschlagtest unterzogen. Nur ein positiver Test erfüllt die Zulassungsvoraussetzungen für die Antriebseinheit. Hierzu werden schwere, gefrorene Vögel mit einer Geschwindigkeit von mehr als 300 Stundenkilometer frontal auf das Triebwerk geschleudert. Die Leistung des Triebwerks darf dabei nicht gemindert werden. Heute arbeitet man intensiv daran, beim Test die toten Vögel gegen Dummys aus Gelatine oder Silikon zu ersetzen. Bei Kollisionen mit großen Vögeln können die vorderen Tragflächenkanten, das Heckleitwerk und die Flugzeugnase betroffen sein. Vor jedem Start werden diese

Bereiche beim Außencheck auf Beschädigungen überprüft. In größeren Höhen ist das Auftreffen von Vögeln und anderen Fremdstoffen logischerweise ausgeschlossen.

Triebwerksausfälle sind äußerst selten. Wenn sie auftreten, fallen Flugzeuge noch lange nicht wie ein Stein vom Himmel. Flugzeuge können auch bei Totalausfall ihrer Antriebe weitergeflogen werden. Moderne Verkehrsflugzeuge haben hervorragende Gleiteigenschaften und schweben, ähnlich wie ein Segelflugzeug, der Erde entgegen. Dies funktioniert bei kleinen Sportflugzeugen genauso wie beim größten Jet der Welt.

Flugzeuge müssen, was die Triebwerksleistung angeht, mit doppelter Sicherheit ausgelegt sein. Fällt bei einer zweimotorigen Maschine ein Triebwerk aus, so kann mit dem zweiten die Reise problemlos fortgesetzt werden. Der fehlende Schub verursacht an der betroffenen Seite einen verminderten Auftrieb. Durch die Trimmung kann dieser Umstand kompensiert werden. Der asymmetrische Schub wird durch das am Heck befindliche Seitenleitwerk ausgeglichen. Die Maschine kann also mühelos weiterfliegen. Bei der Landung spielen die Triebwerke ohnehin eine untergeordnete Rolle, weil beim Einschweben kaum noch Schub benötigt wird. Sollte das Flugzeug noch einmal durchstarten müssen, ist auch das, mit nur einem Triebwerk, kein Problem. Piloten trainieren dieses Szenario regelmäßig im Flugsimulator.

Bei einem Motorschaden, der in der Startphase auftritt, wird vor Erreichen der kritischen V1-Geschwindigkeit der Start abgebrochen. Mit V1 ist die Geschwindigkeit definiert, bei der das Flugzeug noch bis zum Ende der Startbahn abgebremst werden kann. Nach überschreiten der V1 wird die Maschine abheben, weil die Länge der verbleibenden Startbahn in dieser Phase für ein Abbremsmanöver nicht mehr ausreichen würde. In einem späteren Kapitel erfahren Sie hierzu aber mehr.

Vor jedem Start errechnen die Piloten die kritische Geschwindigkeit und arbeiten alle möglichen und denkbaren Szenarien mittels Checkliste ab.

Turbinen sind hoch komplexe Aggregate mit rund 15.000 Einzelbauteilen. Sie müssen regelmäßig einer sorgfältigen Wartung unterzogen werden. Eine komplette Überholung dauert etwa zwei Monate. Nach Abschluss der Arbeiten wird das Triebwerk einem umfangreichen Belastungstest unterzogen. Er soll die einwandfreie Funktionstüchtigkeit garantieren, bevor das Aggregat wieder an ein Flugzeug montiert wird. Beim Belastungstest wird das Triebwerk in einer zweistündigen Testphase dem doppelten Schub ausgesetzt, den es üblicherweise in der realen Startphase leisten müsste.

Am Flugzeug gibt es aber noch ein weiteres, sehr wichtiges Triebwerk. Die Hilfsturbine, in der Fachsprache APU (Auxiliary Power Unit) genannt. Die APU ist an der Heckflosse des Flugzeuges untergebracht und dient als Energielieferant am Boden. Sie ist nicht für den Antrieb konzipiert. Am Boden, bei Stillstand der Haupttriebwerke, liefert die APU die Druckluft für die Aggregate, versorgt die Kabine mit Frischluft und produziert die elektrische Energie für die Bordelektronik (Avionik). Das Hilfstriebwerk gewährleistet den autarken Betrieb und wird eingesetzt, wenn die Maschine nicht über eine zentrale Energieankopplung des Flughafens versorgt wird. Auf Außenpositionen ist das immer der Fall. Die APU wird nach der Landung über Batterien oder über die Energie der noch laufenden Haupttriebwerke gestartet. Sollte auf einem Flughafen die Auxiliary Power Unit aus Lärm- oder Emissionsschutzgründen nicht erlaubt sein, greift man auf Bodenstromaggregate (Ground power Unit, GPU) zurück.

Die Hilfsturbine erreicht Drehzahlen von bis 70.000 Umdrehungen pro Minute. Wenn sie läuft, ist ihr schrilles Pfeifen unüberhörbar. Strom und Druckluft der APU werden, wie eben beschrieben, auch zum Anlassen der Haupttriebwerke genutzt. In der Regel wird sie danach abgeschaltet. In wenigen Ausnahmefällen läuft das Hilfstriebwerk während der Startphase weiter und versorgt die Klimaanlage mit der nötigen Luft, falls für den Start die volle Triebwerksleistung benötigt wird. Dies kann der Fall sein, wenn der Flughafen geografisch sehr hoch liegt und die Dichte der Luft entsprechend gering ist. Gleiches gilt bei hohen Außentemperaturen. Aber auch, wenn die Maschine schwer und die Bahn kurz ist. Die Piloten sprechen dann von einem leistungskritischen Start. Das elektrische Netzwerk wird normalerweise vom Haupttriebwerk bedient.

In dem äußerst unwahrscheinlichen Fall eines totalen Triebwerksausfalls in der Luft, würde die APU gestartet, um die Bordelektronik, die Pneumatik und die Klimaanlage mit Energie zu versorgen. Das Flugzeug bleibt damit jederzeit manövrierfähig. Sollte das Anlassen des Hilfstriebwerkes fehlschlagen, so kann ein Propeller aus dem Fahrwerksschacht ausgefahren werden, der über einen Generator den nötigen Strom für die Bordelektronik bereitstellt.

13.2 Fahrwerke – Belastung mit Tempo

Die Fahrwerke der Passagierflugzeuge (engl. „Landing gear") bestehen aus dem vorderen Bugfahrwerk mit 2 Rädern und dem Hauptfahrwerk in der Mitte des Flugzeuges. Das Hauptfahrwerk kann je nach Flugzeugtyp und Größe aus 8 bis hin zu 20 Rädern bestehen.

Fahrwerke tragen tonnenschwere Lasten und bringen mächtige Flugzeuge auf Startgeschwindigkeit. Das können bei 500 Tonnen Startgewicht auch gut und gerne einmal 280 Kilometer pro Stunde sein. Sie müssen unglaubliche Stöße bei der Landung abfedern.

Wenn Maschinen mit 850 Passagieren an Bord, einem Landegewicht von 380 Tonnen, einer Geschwindigkeit von 260 km/h und heftigen Sturmböen auf dem Boden aufsetzen, treten enorme Kräfte auf. Sie müssen den Bremsvorgang unbeschadet überstehen, Scherbelastungen bei Seitenwinden standhalten und Bodenunebenheiten abfedern. Das alles: Start für Start, Landung für Landung.

ILA Berlin 2018: Hauptfahrwerk einer Antonov 225 Cargo.   (Foto: Holzportz)

Beim Airbus A340 gibt es ein zusätzliches mittleres Fahrwerk zwischen den Hauptfahrwerken. Dieses mittlere Fahrwerk kann, je nach Version, aus 2- oder 4 Rädern bestehen. Der Airbus A340-600, derzeit das längste Flugzeug der Welt, hat eine 14-fache Bereifung mit 3 nebeneinanderliegenden Hauptfahrwerken. Der Airbus A380 wartet am Hauptfahrwerk mit 20 und am Bugfahrwerk mit weiteren 2 Rädern auf. Die 3 Hauptfahrwerke sind ein interessantes Erkennungsmerkmal der Airbus A340 und A380 Familien. Die Antonov 225, wie sie im Bild oben zu sehen ist, rollt auf stattlichen 28 Rädern, die unter ihrem Bauch montiert sind.

Um Flugzeuge aus ihrer Parkposition zu schieben, koppeln Pushback-Fahrzeug ihre Schleppstange am Bugrad an. In der zweiten Variante fährt der Schlepper unter das Bugfahrwerk, umschließt es, hebt es an und schiebt das Flugzeug huckepack auf den Rollweg.

Pushback-Fahrzeug (Foto Holzportz)

Am Boden findet die Lenkung des Flugzeuges über das vordere Bugrad statt. Hierzu bedient der Kapitän ein kleines, handtellergroßes Rädchen, das sich neben dem Sidestick befindet. Die hydraulische Bremsung des Hauptfahrwerkes wird allgemein von einem Antiblockiersystem überwacht.

Die Fahrwerke werden nach dem Start hydraulisch in den Flugzeugrumpf eingefahren. Für die Passagiere, die oberhalb des Hauptfahrwerkes sitzen, ist das Einfahren der Räder durch das Surren der Hydraulikpumpen, dem Rumpeln beim Einziehen und Einrasten sowie dem Schließen des Fahrwerkschachtes deutlich zu hören. Bei der Landung spielt sich das gleiche Szenario in umgekehrter Reihenfolge ab.

Landung eines A380 auf den neuen Hauptstadtflughafen Berlin Schönefeld. Gut zu erkennen, das 3. Hauptfahrwerk.

Bugfahrwerk des Airbus A380. (Fotos: Holzportz)

Dieses Rumpeln im Bauch des Flugzeuges wirkt mitunter bedrohlich, ist aber nicht zu vermeiden und völlig harmlos.

Es ist leicht vorstellbar, dass die Bremsen extremsten Belastungen ausgesetzt sind, wenn die gewichtigen Fluggeräte in kürzester Zeit von 250 km/h heruntergebremst werden müssen. Dabei können die Beläge schnell einmal Temperaturen um 500 Grad Celsius annehmen. Das gesamte System muss dann vor dem nächsten Start auf Betriebstemperatur abgekühlt werden.

Bei einem meiner Flüge vom Muscat International Airport im Oman, nach Frankfurt, erfolgte eine geplante Zwischenlandung auf dem Flughafen Doha in Katar. Auch bei diesem Flug saß ich als Gast im Cockpit. Die Außentemperaturen lagen bei nahezu 40 Grad Celsius. Bei der Zwischenlandung hatten sich die Bremsen derart aufgeheizt, dass die eigenen Bremsventilatoren es nicht schafften, das System soweit herunter zu kühlen, dass wir innerhalb der vorgesehenen Zeit erneut hätten starten können. Also wurden externe Gebläse herangeschafft, die für die nötige Kühlung sorgten, damit wir wieder gefahrlos in Richtung Frankfurt starten konnten.

Zu heiße Bremsen bergen vielerlei Risiken. Die Betankung des Flugzeuges mit Passagieren an Bord wäre in diesem Fall verboten, da die Brandgefahr zu hoch wäre. Es bestünde zusätzlich die Gefahr des Reifenbrandes, bei einem Startabbruch würden die Bremsen über die Belastbarkeitsgrenzen überhitzt und beim Einfahren der Fahrwerke könnte es durch Temperaturstau im Fahrwerksschacht zum Platzen der Reifen kommen. Da die Systemtemperatur der Bremsen im Cockpit jedoch angezeigt wird, und bei Überschreitung einer Maximaltemperatur ein Alarm erscheint, kann eine solche Gefahr vom Grundsatz her ausgeschlossen werden.

14 Von Köln nach Thessaloniki

Es war ein Mittwoch im März, an dem ich mich um 6 Uhr in der Früh auf den Weg zum Flughafen Köln-Bonn aufmachte. Der Airport liegt am südöstlichen Stadtrand von Köln und trägt den IATA Code: CGN (Cologne). Mit den von der IATA (International Air Transport Association) vergebenen Codes werden Flughäfen abgekürzt dargestellt. An diesem Morgen sollte mich mein Flug in einem Airbus A320 in die zweitgrößte Stadt Griechenlands führen. Thessaloniki war unser Ziel. Die Stadt liegt direkt an der Ägäis in der Region Makedonien. Der Flughafen, dessen offizieller Name Makedonia Airport lautet, führt den IATA Code: SKG. Der Flugplatz hat zwei Start- und Landebahnen, die sich in der Mitte kreuzen.

Nach kurzer Begrüßung der siebenköpfigen Besatzung nahm ich meinen Sitzplatz in dem Mittelstreckenflieger des europäischen Flugzeugbauers ein. Er befand sich, wie schon bei den übrigen Rechercheflügen, direkt hinter den Piloten, auf dem zweifellos besten Platz des gesamten Flugzeuges. Niemals würde ich diesen Klappsitz gegen einen der Luxussessel in der First Class eintauschen. Die Piloten und das Kabinenpersonal hatten zu diesem Zeitpunkt bereits das Briefing hinter sich gebracht und die Dienstaufteilung der gesamten Crew für Hin- und Rückflug festgelegt.

Der A320, in dessen Cockpit ich gerade saß, ist mit seinen 174 Sitzplätzen ein sehr wirtschaftlicher Flieger auf der Kurz- und Mittelstrecke. Das Flugzeug weist bei einer Länge von 37,57 Metern, einer Höhe von 11,76 Meter auf. Die Spannweite beträgt 34,10 Meter. Die Maschine wird von zwei Triebwerken, bei einem maximalen Abfluggewicht von 73,5 Tonnen, auf eine Flughöhe von 39.000 Fuß (11.887 Meter) gebracht.

Pünktlich um 08:40 Uhr war Boardingtime. Die Passagiere, die teilweise ungeduldig am Gate C71 warteten, wurden nun aufgefordert, ein letztes Mal ihre Bordkarten vorzuzeigen, bevor sie auf dem kurzen Fußweg über das Vorfeld den Flieger erreichten. Gerne hätte ich gewusst, wie viele von ihnen nun von Angst zerfressen, widerwillig in dieses Flugzeug einstiegen.

Bevor die Maschine für die Fluggäste frei gegeben wurde, hatten sich die Flugbegleiter noch einmal ein Bild vom Zustand der Kabine gemacht. Schließlich war das Flugzeug erst vor 45 Minuten hier in Köln-Bonn gelandet.

Die Piloten kümmerten sich in dieser Zeit um die Betankung, nahmen den Frachtplan entgegen und koordinierten alle Arbeiten, die vor dem Abflug erforderlich waren. Pünktlich um 08:55 Uhr kam über das Bordtelefon die Meldung des Kabinenchefs:

„Cabin clear, all doors in flight."

Es folgte eine letzte Abstimmung mit dem Ramp Agent, draußen vor dem Flugzeug. Alle Bremsklötze am Fahrwerk waren beseitigt, es befanden sich keine Hindernisse im Drehbereich des Flugzeuges und das Pushbackfahrzeug war bereit. Natürlich durfte der obligatorische Abschiedsgruß zwischen den Piloten und den Technikern am Boden nicht fehlen. Es konnte also losgehen.

Als der Schlepper uns in eine freie Vorfeldposition gebracht hatte, wurde seitens des Co-Piloten die Erlaubnis zum Anlassen der Triebwerke eingeholt. Bevor unsere Maschine nun eigenständig rollend über das Vorfeld zur Startposition dirigiert wurde, vernahm ich über meinen Kopfhörer noch einmal die Stimme des Ramp Agent am Boden:

„Bye, bye und guten Flug."

Der Co-Pilot war auf diesem Flug der Pilot Flying und übernahm auf der Startbahn 14L die Führung über das Flugzeug, die Hoheit über die Schubhebel gehörte bis zum Abheben jedoch dem Kapitän. Unser Start erfolgte in südöstliche Richtung. Es war ein heller, freundlicher Morgen. Aber – die unzähligen Lichter entlang der Startbahn ließen die Sonne eher unscheinbar wirken. Dieser überwältigende Anblick fasziniert mich immer wieder aufs Neue. Leider können die Passagiere nur in einem kurzen Moment einen kleinen Eindruck davon erhaschen. Dann nämlich, wenn das Flugzeug vom Rollweg auf die Startbahn eindreht. Voraussetzung, man sitzt auf der richtigen Seite, direkt am Fenster. Der frontale Blick auf das Lichtermeer der Runway bleibt jedoch im Regelfall nur den Piloten vorbehalten.

Runway (die Startbahn) (Foto Holzportz)

09:10 Uhr. Vom Tower kam die Startfreigabe: „Flug 652, sie sind frei gegeben für den Start auf der 14 links."

Der Kapitän bestätigte: „Ok – Start auf der 14 links. Danke und bye, bye."

Die Triebwerke heulten auf und ein leichtes Beben war im gesamten Flugzeug zu spüren. Energie, die darauf wartete, frei gesetzt zu werden. 67 Tonnen wollten in den Himmel. Nach dem Lösen der Bremsen beschleunigte der Airbus kraftvoll. Wir hatten 3.815 Meter hell erleuchteten Asphalt vor uns. 60 Meter breit, wie ein roter Teppich. Das war unsere Startbahn 14 links.

Der Kapitän hatte die Startgeschwindigkeit fest im Blick: „One hundred."

Der Co-Pilot kontrollierte die Geschwindigkeit und bestätigte: „One hundred, checked."

Es lief alles so, wie ich es schon unzählige Male auf meinem Observer Seat erlebt hatte. Es knackte wieder in meinem Kopfhörer, bevor ich die Stimme des Kapitäns hörte: „Rotate."

Der Co-Pilot bestätigte: „Rotate."

Die Startgeschwindigkeit war erreicht und der Co-Pilot zog die Nase des Flugzeuges hoch. Bei rund 280 Kilometern pro Stunde hob das Flugzeug über die Querachse ab! Bug nach oben, Heck nach unten. Zuerst lösten sich die vorderen Räder von der Erde und gleich darauf das Hauptfahrwerk. Augenblicklich wurde es ruhiger.

Gänsehautfeeling!

Der Co-Pilot hatte inzwischen die Schubhebel übernommen, als wir wegen des hohen Flugverkehrsaufkommens kurz nach dem Start die Anweisung bekamen, den Steigflug zu verringern und eine Rechtskurve einzuleiten. Durch diese Aktion wurden wir rasch aus der Abflugschneise herausgeführt und gelangten in ein weniger dichtes Verkehrsgebiet. Ein gutes und wichtiges Routineverfahren, das wir bei jedem Start und bei jeder Landung immer wieder erleben werden.

Aus Sicht der Passagiere sieht die Sache jedoch etwas anders aus. Aus zahlreichen Schilderungen weiß ich, dass die Aufregung der allermeisten Fluggäste vor und direkt nach dem Start am größten ist! Kurz nach dem Abheben rumpelt es im Untergeschoss des Flugzeuges noch einmal kräftig, weil die Fahrwerke in ihre Schächte eingefahren und die Luken verriegelt werden. Aber auch dieser Spuk hat nach wenigen Sekunden ein Ende und danach brummen die Triebwerke gleichmäßig. Alles scheint nun normal und harmlos zu verlaufen. Die schlimmste Anspannung ist überstanden. Von der Anweisung des Towers, den Steigflug zu drosseln und eine Rechtskurve einzuleiten, können die Passagiere natürlich nichts wissen. Die Verlangsamung des Steigfluges, das Abkippen der Maschine und der damit einhergehende Kurvenflug kommen für alle völlig überraschend. Bei jedem Start und bei jeder Landung muss mit solchen Manövern gerechnet werden. Die Piloten folgen dabei lediglich dem gefahrlosen, von der Flugüberwachung vorgeschriebenen Kurs. Bitte denken Sie bei ihrem nächsten Flug schon im Voraus daran.

Wie zu erwarten, verlief unser Flug nach Thessaloniki ohne Zwischenfälle. Bei einer Reisegeschwindigkeit von rund 890 Kilometern pro Stunde sollten wir unser Ziel in etwa 2 Stunden und 30 Minuten erreichen. Wir flogen von Köln an Frankfurt und Würzburg vorbei, durch den Süden Tschechiens nach Österreich, nördlich an Linz vorbei, über Ungarn, Serbien, den Kosovo und Mazedonien, ehe wir Griechenland erreichten. Wir schwebten mit wunderbarem Blick über die Ägäis in Richtung Zielflughafen und landeten pünktlich auf dem Makedonia Airport – Thessaloniki (SKG).

Nachdem der letzte Fluggast die Maschine verlassen hatte, musste in der verbleibenden Aufenthaltszeit die Kabine gereinigt werden. In Thessaloniki stand kein externes Reinigungsteam zur Verfügung. Konsequenz: Die Kabinencrew musste diese Aufgabe zusätzlich übernehmen. Das ist durchaus gängige Praxis geworden, um

Kosten zu sparen. Billig Fliegen hat nun mal seinen Preis, den in zunehmendem Maße die Flugbegleiter mittragen müssen.

Ein Weckruf an all diejenigen Passagiere, die als Gäste respektvoll behandelt werden wollen, ihren Sitzplatz jedoch wie eine Müllhalde verlassen!

Die Aufenthaltszeit (Turnaround Time, TAT) betrug stramme 40 Minuten. In dieser Zeit erfolgte die Verabschiedung der Gäste, die Betankung der Maschine, die Entladung des Gepäcks, die Lieferung der neuen Speisen und Getränke, die Aufnahme des neuen Gepäcks, die Außenkontrolle, das Boarding, das Abarbeiten aller Checklisten und, und, und. Pünktlich rollten wir in der vorgesehenen Zeit zur Startbahn zurück und hoben in Richtung Heimat ab. Dort landeten wir nach rund 2 Stunden und 30 Minuten planmäßig auf dem Flughafen Köln-Bonn. Für das Kabinenpersonal und die Cockpitbesatzung war es ein harter Job, denn auch nach dem Start in Thessaloniki ging es für alle ohne Pause weiter. Die einen kümmerten sich in gewohnter Freundlichkeit um die Passagiere, die anderen um den reibungslosen Ablauf in den Bordküchen. An diesem Tag waren die Besatzung und ich alleine fünf Stunden in der Luft. Rechnet man das Briefing, die Flugvorbereitungszeiten, die Turnaround Time und die Nacharbeit hinzu, so kommt man gut und gerne auf neun Arbeitsstunden. Neun Arbeitsstunden, ohne jeglichen Rückzugsort und ungestörte Pausenräume. Am Ende eines jeden Fluges erwarten alle Fluggäste zum Abschied dennoch ein freundliches Lächeln der Flugbegleiterinnen und Flugbegleiter.

Wenn das Team gut war, hat jedoch auch jeder Fluggast beim Verlassen des Flugzeuges die Gelegenheit, den Crewmitgliedern durch ein respektvolles und anerkennendes „Dankeschön" den Feierabend zu versüßen.

15 Die Besatzung

15.1 Briefing – Kurzbesprechung im Team

Für die Crew beginnt die Arbeitszeit grundsätzlich mit der Flugvorbesprechung. Ein bis zwei Stunden vor dem Start heißt es Briefing für die Cockpit- und Kabinenbesatzung. Dann beginnt für das Team auch eine andere Zeitrechnung, die sich dem UTC-Plan anpasst (universal time coordinated). Die UTC ist die koordinierte Weltzeit und entspricht ungefähr der Greenwich mean Time (GMT). Auf der Washingtoner Meridiankonferenz einigte man sich 1884 auf den Meridian, der durch Greenwich als Nullmeridian verläuft. Diese globale Weltzeit berücksichtigt keine Sommer und Winterzeiten. 1925 wurde die GMT durch die UTC-Zeit ersetzt. Sie ist der allgemeingültige Standard für den internationalen Flugverkehr.

Der Flugkapitän und sein Co-Pilot treffen sich zum Briefing im Flughafengebäude. Hierbei gilt es sich erst einmal kennenzulernen, da die Crew bei jedem Umlauf immer wieder neu zusammengestellt wird. Danach erörtern die Piloten den Flugdurchführungsplan, den der Dispatcher (Flugdienstberater) bereits in seinem Briefingpaket zusammengestellt hat. Die Besonderheiten des bevorstehenden Fluges werden eingehend besprochen. Hierzu zählen die Wetterdaten, die Anzahl der Passagiere, die Beladung und die Flugroute. Der Flugplan mit allen relevanten Fakten wird vom Zentralrechner auf die Laptops der Piloten heruntergeladen. Informationen zum Flugzeug und die berechnete Treibstoffmenge dürfen dabei nicht fehlen. Alles wird noch einmal überprüft. Dann noch ein letzter Blick auf das Wetter entlang der geplanten Route. Es wird gecheckt, wo Gewitterzellen aktiv sind, ob eventuell mit Turbulenzen zu rechnen ist und wie stark und aus welcher Richtung der Wind weht.

Bei der Flugvorbesprechung des Kabinenpersonals werden die Abfolge der Arbeiten und die Zuständigkeiten festgelegt. Die Palette ist lang und beginnt bei der Einteilung der Aufgaben innerhalb des Teams. Jeder Kabinenabschnitt bekommt seine eigene Zuständigkeit. Dazu gehören auch die Türen. Es wird bestimmt, wer im Eingangsbereich die Begrüßung der Gäste übernimmt und wer beim Verstauen des Handgepäcks behilflich ist. Es wird geregelt, wer das Essen verteilt und wer in der Küche, sprich Galley, seinen Dienst verrichtet. Natürlich werden auch hier die Besonderheiten des Fluges besprochen. Hierzu zählen unter anderem die Wetterdaten mit eventuell auftretenden Turbulenzen, aber auch die Anwesenheit kranker oder behinderter Fluggäste.

Nach der Flugvorbesprechung geht es gemeinsam zur Sicherheits- und Passkontrolle und direkt danach zur Maschine. Je nach Parkposition des Flugzeuges geschieht dies mittels Crew-Bus oder zu Fuß.

Die gesamte Besatzung bestand bei einem meiner Rechercheflüge, der mich in die Arabischen Emirate führte, aus dem Flugkapitän, seinem Co-Piloten und der zwölfköpfigen Kabinenbesatzung. Es war ein Langstreckenflug in einem A340-600. Der Kapitän ist grundsätzlich der verantwortliche Chef für das gesamte Flugzeug, deren Besatzung und aller an Bord befindlichen Gäste.

15.2 Flugbegleiter – Sicherheit und Service

Alle Passagiere, die beim Boarding das Flugzeug betreten, werden im Entree von den Flugbegleitern empfangen. Sie sind die Visitenkarte der Fluglinien und Empfangsdelegation für die Ankömmlinge des bevorstehenden Fluges. Ihr freundliches Lächeln hat schon so manchem Fluggast ein wenig seiner Angst genommen.

Das Kabinenpersonal wird vom ranghöchsten Flugbegleiter, dem Purser (fachsprachlich „P2"), und seinem Stellvertreter, P1, geleitet. Ihnen unterstehen während des Fluges alle Flugbegleiter. Unter weiblicher Führung heißt die ranghöchste Flugbegleiterin, Purserette. Nach den geltenden Bestimmungen tragen die leitenden Flugbegleiter die Gesamtverantwortung für alle Sicherheits- und Notfallverfahren innerhalb der Fluggastkabine. Die Kabinenchefs nehmen bei Großraumflugzeugen keine feste Arbeitsposition im Service ein, sind jedoch dem Dienst am Kunden verpflichtet. Wie alle an Bord befindlichen Personen haben auch sie den Anordnungen des Flugkapitäns Folge zu leisten.

Den Rang des Kabinenpersonals erkennt man an den Streifen auf ihren Uniformen. Die Flugbegleiter tragen einen Streifen. Die ranghöchsten Kabinenchefs (P2) tragen einen breiten und zusätzlich zwei schmale Streifen auf Revers, Schulter oder Ärmel. Deren Stellvertreter (P1), erkennt man an einen breiten und zusätzlich einen dünnen Streifen. Den Kapitän zieren vier Streifen, der Co-Pilot muss sich hingegen mit Dreien zufriedengeben.

Die Aufgaben des Kabinenpersonals bestehen aber nicht nur aus dem Begrüßen der Passagiere, dem Verstauen des Handgepäckes und dem Verteilen von Sandwiches und Tomatensaft. Der Job verlangt ihnen erheblich mehr ab.

Der freundliche Empfang im Eingangsbereich des Flugzeuges ist besonders für angstgeplagte Fluggäste wertvoll und gut. Die Flugbegleiter schauen sich aber beim Boarding auch jeden einzelnen Passagier genau an. Gäste, die unter Drogen- oder Alkoholeinfluss stehen, werden unter Umständen selektiert. Auch Reisende, die schwer erkrankt sind, entgehen ihren geschulten Blicken nicht. Der Kapitän entscheidet letztendlich, ob alkoholisierte oder kranke Passagiere mitfliegen dürfen oder ob ihnen aus Sicherheitsgründen der Flug verwehrt wird.

Eine gewichtige Aufgabe der Kabinencrew liegt auch darin, bei den Fluggästen Vertrauen zu schaffen und dafür zu sorgen, dass sich die Passagiere an Bord wohlfühlen.

Die Fluggesellschaften verlangen der Crew ein hohes Maß an Stresstoleranz und Empathie ab. Flugbegleiter müssen sich in fremde Kulturen einfühlen und sind dabei ständig gezwungen, sich mit den Eigenarten der Gäste auseinanderzusetzen. Eigene Befindlichkeiten geraten dabei fast immer in den Hintergrund.

Neben der Verantwortung für Sicherheit und Service sind sie auch Psychologe, Angstberater und Blitzableiter. Sie müssen mit einem Herzinfarktpatienten genauso umgehen können wie mit einem Randalierer. Sie sprechen mehrere Sprachen und haben gelernt, auch in stressigen Situationen kühlen Kopf zu bewahren. Passagiere mit Flugangst haben deren Mimik ständig im Blick. Bei Turbulenzen ist der Gesichtsausdruck der Stewardess für sie der Indikator für die Gefährlichkeit der Situation.

Die Kabinencrew hat nicht nur körperlich, sondern auch mental einen anstrengenden Job. Die Enge, der mangelnde Sauerstoff und die Lautstärke der Turbinen sind ständige Begleiter. Der niedrige Kabinendruck während des Fluges und der Druckanstieg bei der Landung belasten den gesamten Organismus immer wieder aufs Neue. Die ständigen Zeitverschiebungen und die Folgen des Jetlags beeinträchtigen deren Privatleben zwischen den Flügen. Die unregelmäßigen Pausen und das Fehlen jeglicher Rückzugsmöglichkeit bei der Kurz- und Mittelstrecke, der ständige Zeitdruck bei der Ausgabe der Verpflegung, die Höhenstrahlung und die Flüge bei schlechtem Wetter sind belastende Faktoren für Körper und Geist. Die Aufzählung ließe sich endlos fortführen.

Ich habe bei meinen zahlreichen Flügen im Cockpit immer wieder erlebt, wie Flugbegleiter eine kurze Verschnaufpause auf dem kleinen Notsitz im Cockpit einlegten, um nur wenige Minuten der Dauerbelastung zu entfliehen.

Als Fluggast ist es für mich oftmals beschämend, wie einige Passagiere die Maschine verlassen. Auffallend oft kann, besonders bei Urlaubsflügen beobachtet werden, wie Speiseverpackungen, Getränkebecher, Zeitungen und Unrat achtlos auf den Boden geworfen werden.

Ohne Scham, Anstand und Respekt verlassen diese Passagiere am Zielort ihren vermüllten Sitzplatz.

Bei den Billigfluglinien wird seitens der Fluggesellschaften immer mehr durchgesetzt, dass das Kabinenpersonal für die Reinigung des Flugzeuges zwischen den Starts und Landungen verantwortlich ist.

Es muss halt billig sein.

Wenn wir schließlich am Urlaubsort angekommen sind und das Flugzeug verlassen, schauen wir wieder in die freundlich lächelnden Gesichter der Flugbegleiter. Nachdem sie uns einen schönen Urlaub gewünscht haben, machen sie sich unverzüglich daran, unseren Müll wegzuräumen, um die Maschine für den Rückflug klar zu machen.

Die Erwartungshaltung der Fluggäste gegenüber dem Kabinenpersonal entspricht vielerorts leider immer noch einem alten Klischee.

Flugbegleiterinnen sind schick, mit fein manikürten Händen, lackierten Fingernägeln, gewandt, intelligent und mit einer Dynamik, die fesselt. Ihre männlichen Kollegen ziert ein modischer Haarschnitt und eine schlanke Figur. Auch sie sind aufgeweckt, sympathisch und immer freundlich.

Wie wir gesehen haben, steckt hinter dieser Schablone jedoch viel, viel mehr!

16   Swen hebt ab

Nach dem Check-in und der Sicherheitskontrolle ist die Familie im zollfreien Bereich angekommen. Die vielen Menschen, das Shopping, die Suche nach dem Flugsteig und die lange Zeit des Wartens haben Swens Gedanken zerstreut. Endlich ist er abgelenkt. Die Familie sitzt am Gate. Die Kinder spielen und Julia blättert in einer Zeitschrift.

Das Flugzeug steht auf seiner Parkposition, direkt an der Fluggastbrücke des Gates. Zwei kleine Schlepper sind vorgefahren. Ihre Anhänger sind mit Gepäckstücken vollgestopft, die nun im Laderaum verstaut werden. Der Tankwagenfahrer kuppelt den Kerosinschlauch an der Tragfläche ab, übergibt die Papiere dem Ramp Agent und braust mit seinem Gefährt davon. Kurze Zeit später wird die Maschine für den Einstieg freigegeben – und augenblicklich wird es am Gate unruhig.

Boarding.

Für Swen beginnt nun die nächste große Prüfung. Schwerfällig erhebt er sich aus seinem Sitz und reiht sich widerwillig in die Schlange der wartenden Passagiere ein. Er fühlt sich kraftlos und trotzdem bebt sein gesamter Körper, nimmt ihm die allerletzte Energie. Er verspürt ein Gefühl, als ob Heerscharen von Ameisen an seinen inneren Organen zerren. Er schleppt sich mühevoll zum Kontrollschalter am Ausgang des Gates und hält mit zitternden Händen seine Bordkarte vor den Scanner. Nach einem kurzen Piepen öffnet sich vor ihm das kleine Personendrehkreuz und gibt ihm den Weg frei. Sein Handgepäck in der linken- und seine Bordkarte in der rechten Hand, betritt er wie angetrunken den eckigen Tunnel aus Blech, der ihn direkt – ohne Umwege – zum Flugzeug führen wird. Das Surren der Trolleys, die über den geriffelten, rutschfesten Boden gezogen werden, dröhnt schmerzhaft in seinen Ohren. Er sucht nach Julia, sucht nach ihrer Hand. Sie war ihm in belastenden Momenten immer eine Hilfe. Tatsächlich tut ihm auch jetzt der zarte Händedruck seiner Frau gut. Als die schwere Flugzeugtüre sichtbar wird und Julia Swens Hand loslässt, bemerkt er, dass seine Finger schweißnass sind. Die Kinder sind hingegen unbeschwert und fröhlich. Aber was ist mit ihm? Er fühlt sich unverstanden. Wie aus einer Nebelwand blickt er in das Innere des Flugzeuges. Stockt, bleibt kurz stehen. Er will da nicht rein, spürt jedoch, wie Julia ihn weiterschiebt. „Bitte Swen, du hast die Bordkarten. Schau nach unseren Sitzplätzen, ich kümmere mich um die Kinder."

Ohne Widerspruch trottet Swen gehorsam los. Vorbei an den freundlich lächelnden Flugbegleiterinnen, die ihre Gäste im Eingangsbereich empfangen. Für Swen beginnt hier ein Dornenweg in eine menschenfeindliche Welt. Lauter Fremde um ihn herum, in beklemmender Enge! *Dieses Hexending soll fliegen können? Eine schmale Röhre mit Flügeln, vollgestopft mit Sitzen? Niemals!* Das Gedränge wird für ihn unerträglich. Es ist stickig. Swen fühlt sich allein gelassen von der Welt, gefangen in diesem unwirklichen Tunnel. Und dann das Schild mit dem Hinweis: Bitte Notausgänge freihalten! Er fühlt sich in seinen Ängsten bestätigt: *Wenn Fliegen so sicher wäre, dann bräuchte man diese Hinweisschilder nicht.*

Kein Weg führt zurück. Zittrig und schweißnass sucht Swen wieder nach der Hand seiner Frau. Doch Julia ist mit den Kindern beschäftigt, die sich gerade neugierig auf das Abenteuer „Flugzeug" einlassen. Ungezwungen und aufgeregt plappern sie miteinander, während Swen mit der Suche nach den Sitzplätzen völlig überfordert ist. Immer wieder schaut er auf die Bordkarten, auf denen die Platznummern abgedruckt sind. 29 A, B, C und D. Swen versucht sich zu konzentrieren, aber beim Blick auf die Sitze hat er die Platznummern bereits wieder vergessen. Selbstzweifel und Angst, den Verstand zu verlieren, blockieren nun vollständig sein Denken und

Handeln. Nur etwa zwei Meter weiter sieht er einen Flugbegleiter. Ihm drückt er die völlig zerknitterten und vom Schweiß seiner Hände durchgeweichten Bordkarten in die Hand. „Wo bitte sind unsere Sitze?" Swen spürt, wie er kurze Zeit später teilnahmslos und widerwillig in seinen Sitz gleitet. Genau in den Sitz der ihm, wie er glaubt, das Unheil bringen wird.

In der Sitztasche vor ihm bemerkt Swen eine Anleitung zur Handhabung der Schwimmwesten. Schlagartig wird ihm dabei klar, dass die Reise auch über das Meer führt. Kalter Schweiß dringt ihm aus allen Hautporen. Zittrige Hände verraten seinen psychischen Zustand. Er vergräbt sich in seinen viel zu engen Sitz. Alles, was er jetzt noch für seine eigene Sicherheit und die Sicherheit seiner Familie tun kann, ist Aussteigen oder Anschnallen. Er entscheidet sich für Anschnallen. Sich ganz, ganz fest anzuschnallen! Swens Gedanken überschlagen sich: *Unser aller Leben liegt nun in der Hand der Piloten, dort vorn im Cockpit, hinter verschlossenen Türen. Eingreifen – unmöglich! Keiner der Passagiere hat die Gewissheit, ob der Flug unkompliziert verläuft oder ob es technische Probleme geben wird. Niemand wird es erfahren. Wir sind der furchtbaren Ungewissheit ausgeliefert, in jeder unendlich langen Sekunde dieses Fluges. Hier, in dieser engen Röhre werden wir nun in die Luft steigen, dorthin, wo kein Mensch existieren kann, bei einer Außentemperatur von minus 50 Grad Celsius, in eine fremde, unwirkliche Welt.*

Mit einem dumpfen Ruck wird Swen aus seinen Gedanken gerissen. Die Bordtür zur Fluggastbrücke wurde soeben verschlossen und verriegelt.

Obwohl ihm das Blut wie ein tosender Wasserfall durch den Kopf jagt, hört er die Stimme des Kabinenchefs aus den Lautsprechern: „Boarding completed, Cabin clear." Er weiß genau, was diese Durchsage zu bedeuten hat: Alle Passagiere sind an Bord und die Kabinenbesatzung ist klar für den Start.

Langsam wird es etwas ruhiger an Bord. Eine Flugbegleiterin überprüft jeden Platz. Sie verriegelt die Fächer für das Handgepäck und kontrolliert den festen Sitz eines jeden Gurtes. Swen grübelt: *Ob sie auch Angst hat? Ganz bestimmt hat sie Angst! Jeder hat jetzt Angst! Todesangst!*

Swens Herz hämmert wie eine Faust in seiner Brust. Immer kräftiger und immer lauter. Wieder kommt dieser Gedanke an den Rückflug. Panik erfasst seinen Körper. Als plötzlich die Klimaanlage verstummt, das Licht in der Kabine dunkler wird und das gesamte Flugzeug unter einem dumpfen, aber leisen Dröhnen erzittert, ringt Swen nach Luft. Die Flugbegleiterin hat seine Panik bemerkt und flüstert ihm zu: „Die Piloten haben gerade die Triebwerke angelassen und dafür benötigen sie die gesamte Energie. Machen Sie sich also keine Sorgen." Sie lächelt und geht weiter. Einen kurzen Moment schämt er sich, dann kommen die Tränen, die er nicht mehr zurückhalten kann, nicht mehr zurückhalten will. Seine Augen sind feucht und sein Blick ist verschleiert. Wieder geht ein Ruck durch die Maschine. Wie durch einen Vorhang kann er erkennen, dass das Flugzeug rückwärts aus seiner Parkposition herausgeschoben wird. Das Gefühl, jetzt gefangen zu sein, schnürt ihm förmlich die Kehle zu. Übelkeit überkommt ihn. Als das Flugzeug nun wieder stehen bleibt, hat er die Hoffnung, dass die Piloten einen Schaden an der Maschine festgestellt haben und daher nicht starten können. Momente der Hoffnung, in denen er auf die erlösende Ansage aus den Lautsprechern wartet. Als die Triebwerke aber lauter werden und das Flugzeug sich nun doch nach vorne in Bewegung setzt, gibt er auf. Der Kampf ist verloren. Swen gegen Goliath. Wie hätte er auch gewinnen können. Swen wird müde. Mit eintönigem, fast einschläferndem Schaukeln bewegt sich das Flugzeug langsam in Richtung Startbahn. Das monotone Motorengeräusch hört sich dabei an, wie das Wiegenlied des Teufels.

Swen hat das Gefühl für die Zeit verloren. Der Stress in seinem Kopf überwältigt seinen Körper. Die Müdigkeit wirkt auf ihn wie ein

Betäubungsmittel. Er sinniert, dass dies vielleicht vom Körper so gewollt sein könnte, dass es eine Schutzreaktion ist, die ihm die Angst und das Sterben ein wenig erleichtern soll.

Das Flugzeug nimmt eine enge Kurve. Swen ahnt, was nun kommen wird. Er schaut nicht auf, will es nicht wissen. Nach einem kurzen Stopp kommt das, was er nie wollte: den Start. Swen ist jetzt wieder hell wach. Die Triebwerke heulen auf, nein sie donnern. Die Maschine bebt und plötzlich beschleunigt sie mit ungeheurer Kraft. Eine Sekunde wagt er den Blick aus dem kleinen Fenster. Die Landschaft rast an ihm vorbei. *Nur nicht weiter hinschauen,* denkt er und vergräbt seinen Blick wieder in den Fußraum. Er ist schweißnass. Swen kämpfen mit seinen Gefühlen: *Er wird es nicht schaffen, viel zu lange rasen wir jetzt schon über die Piste. Der Koloss klebt am Asphalt, will sich nicht lösen.* Es rumpelt, es schaukelt. Die Verkleidung ächzt und knarrt. *Besser, die Maschine zerbricht noch hier auf der Erde, als in der Luft. So viele Passagiere, mindestens siebzig Tonnen Startgewicht – niemals. Das schaffen wir nicht, das geht nicht gut! Meine Kinder, meine Familie, mein schönes Zuhause, mein Hund und die Katze. Lebt wohl. Jetzt nur ja nicht weinen!* Und plötzlich wird es ruhig. Das Rumpeln hat aufgehört. Nur noch ein leichtes Schaukeln ist zu spüren. Die Maschine hat den Boden verlassen, sie fliegt.

In diesem Moment spürt Swen etwas Vertrautes. Etwas, das seinen Pulsschlag spontan herabsetzt und ihn wieder zurück ins Leben holt. Es ist Julia, die seine Hand sanft ergriffen hat.

17   Der Start – auf nach Dubai

Woher wissen die Piloten eigentlich, bei welcher Geschwindigkeit ihr Flugzeug von der Erde abhebt? Was passiert im Notfall bei einem Startabbruch? Und – bei welcher Geschwindigkeit kann die Maschine beim Startabbruch auf der noch verbleibenden Bahn abgebremst werden? Wichtige Fragen, die im folgenden Abschnitt beantwortet werden.

Neben der Triebwerksleistung, dem maximalen Startgewicht und dem tatsächlichen Gewicht, werden beim Startvorgang auch die situationsbedingten, veränderbaren Parameter berücksichtigt. Dabei spielen Luftdruck, Temperatur, Windgeschwindigkeit und Richtung, aber auch die Länge der Startbahn und deren Beschaffenheit eine wichtige Rolle.

Erst nach Vorliegen all dieser Parameter wird von den Piloten die Abhebegeschwindigkeit, auch Rotationsgeschwindigkeit Vr genannt, berechnet. Bei der Abhebegeschwindigkeit ist die Auftriebskraft an den Tragflächen größer als die Gewichtskraft des Flugzeuges. Bei Vr wird die Nase angehoben. Kurze Zeit, nachdem sich das Bugrad vom Boden gelöst hat, folgt das Hauptfahrwerk.

Routinemäßig wird bei der Flugvorbesprechung auch die Entscheidungsgeschwindigkeit V1 berechnet. Bis zum Erreichen dieser Geschwindigkeit kann das Flugzeug im Falle eines Notfalls mittels der Bremsen sicher zum Stillstand gebracht werden.

Bei Überschreiten der V1 wird der Startvorgang nicht mehr abgebrochen. Auch wenn es dem ein oder anderen Leser nicht so recht gefallen mag: Für eine Notbremsung, ohne Einsatz der Schubumkehr, wäre jenseits der V1 die verbleibende Startbahn zu kurz. Aber, für moderne Verkehrsflugzeuge ist es kein Problem zu starten, auch wenn eines der Triebwerke streikt. In einem solchen Fall wird das Flugzeug bis zur berechneten Vr-Geschwindigkeit weiter beschleunigt. Wie beim normalen Start hebt sie bei dieser Geschwindigkeit ab und erreicht in der Luft schnell die V2-Geschwindigkeit, die optimal für den Steigflug und die Manövrierfähigkeit ist. Die Antriebsleistung reicht in solchen Fällen aus, um den nächsten Flughafen anzufliegen oder wieder auf dem Startflughafen zu landen. Auch dieses Szenario wird von allen Piloten routinemäßig in Flugsimulatoren geprobt.

Bei meinem Flug, der mich diesmal von Frankfurt in die Vereinigten Arabischen Emirate führen sollte, hieß unser Zielflughafen Dubai, einer der größten Flughäfen der Welt. Die Stadt am Nordrand des Emirates ist bekannt für seine hochmoderne Architektur und sein quirliges Nachtleben. Der Burj Khalifa, ein Wolkenkratzer der 830 Meter hoch in den Himmel ragt und die künstlichen Halbinseln vor der Küste sind nur zwei Beispiele für die futuristische Denkweise der dort herrschenden Scheichs. Die atemberaubende Altstadt wird vom Creek, einem Meeresarm des Persischen Golfes, der tief in die Stadt hinein ragt, vom modernen Teil der Stadt getrennt. Abras, die kleinen Holzboote dienen zur Personenbeförderung über die Bucht.

Der Kapitän übernahm den Hinflug in den Nahen Osten als „Pilot Flying". Sein Co-Pilot hatte damit die Rolle des „Pilot not Flying", also des nicht fliegenden Piloten. Durch diese Festlegung sind die Aufgaben für beide grundsätzlich und klar definiert.

Üblicherweise wechseln Kapitän und Co-Pilot bei Hin- und Rückflug stets die Flugverantwortung. Die Gesamtverantwortung bleibt jedoch immer beim Kapitän.

Unser Langstreckenflugzeug, ein Airbus A340-600 wurde nach der letzten Landung auf einer Außenposition abgestellt. Dort können die Maschinen nicht mit Flughafenstrom versorgt werden. Sind auch mobile Strom- und Druckluftaggregate nicht vorhanden, dann steht immer noch, wie bereits in Kapitel 13.1 beschrieben, die bordeigene Hilfsturbine, kurz APU, zur Verfügung.

Nachdem unsere Besatzung das Flugzeug betreten hatte, wurde zeitnah die Hilfsturbine angelassen. Nun stand Bordstrom zur Verfügung und auch die Klimaanlage war betriebsbereit. Schlagartig verbesserten sich im Inneren des Flugzeuges die Temperatur und auch die Luftqualität.

Während der Flugvorbereitungsphase und des Boardings schwiegen die Haupttriebwerke. Nur das gleichmäßige Pfeifen der APU war hörbar. Die Energie der laufenden Hilfsturbine wurde hinterher genutzt, um die Haupttriebwerke anzulassen.

Um die Zeit zwischen der Landung und dem Weiterflug (Turn around time) so kurz wie möglich zu halten, begannen die Reinigungskräfte mit ihrer Arbeit, nachdem die Passagiere die Maschine verlassen hatten. Auch Mechaniker kamen an Bord und führten routinemäßige Überprüfungen durch. Grundsätzlich füllen die Piloten bei jedem Flug ein Formular aus, welches die nächste Crew und deren Mechaniker über Probleme während des letzten Fluges informiert. Kleinere Defekte werden von den Technikern sofort behoben. Bei schwerwiegenden Mängeln bleibt die Maschine am Boden. Der Ramp Agent koordiniert die Reinigungskräfte, teilt Mechaniker ein und überwacht das Beladeteam. Er stellt die Verbindung zwischen Boden- und Bordpersonal her und übergibt die Maschine zu guter Letzt an die neue Besatzung.

Auch den Flugbegleitern blieb, wie immer, nur ein enger zeitlicher Rahmen, um die Maschine für den Weiterflug klar zu machen. Als die Reinigungskräfte den Flieger verlassen hatten, begann kurz danach das Boarding, während draußen vor der Maschine noch hektische Betriebsamkeit herrschte. Die Betankung war abgeschlossen, die Beladung des Frachtraumes aber noch in vollem Gang.

Die Piloten arbeiteten indes nach streng vorgegebener Reihenfolge die Checklisten ab. Sie gaben alle flugrelevanten Daten des Flugdienstberaters (Dispatcher) in das Flight Management System ein, kontrollierten noch einmal die Menge des benötigten Treibstoffes und glichen diesen Wert mit der tatsächlich aufgenommenen Kerosinmenge und den Füllstandsanzeigen ab. Wind, Wolken, Wetter und Beladung wurden noch einmal besprochen und der aktuelle Schwerpunkt über die Trimmräder eingegeben. Er ist buchstäblich der Drehpunkt des Flugzeuges und für die Trimmung von entscheidender Bedeutung.

Während der Kapitän, der den geplanten Flug übernehmen sollte, das Navigationsgerät programmierte, begab sich der Co-Pilot zur Außenkontrolle. Der Außencheck oder Preflight-Check, besteht in der Hauptsache aus der Feststellung sichtbarer Mängel und eventueller Schäden an der Außenhülle. Die Tragflächenvorderkanten, das Heckleitwerk, die Flugzeugnase und die Triebwerke werden auf Vogelschlag untersucht. Die sichtbaren Hydrauliksysteme an den Fahrwerken werden auf Leckagen überprüft und die Reifen auf Beschädigungen. Auch das Profil der mächtigen Räder wird in Augenschein genommen. Wichtig ist die Kontrolle der Bremsen. Bei Airbus wird der Zustand der Bremsbeläge über den Brake Ware Indikator angezeigt. Dies sind kleine Stifte, die, je nach sichtbarer Länge, die Belagsstärke anzeigen. Nach der Außenkontrolle begab sich unser Co-Pilot wieder an Bord. Sein Kollege hatte in der Zwischenzeit die Flugroute und die flugrelevanten Daten in den Bordcomputer eingegeben und die Streckenfreigabe bei den Towerlotsen eingeholt, die zuvor bereits mit allen zu überfliegenden Ländern abgestimmt wurde.

Der Flug 630 sollte uns von Frankfurt über Ungarn, Rumänien und Bulgarien, entlang der Schwarzmeerküste zur Türkei und von dort nach Syrien, über den Irak, am Iran vorbei nach Kuwait und schließlich über den Persischen Golf nach Dubai führen.

Das Verschließen der schweren Ladeluken war in der Kabine durch ein Sirren der Hydraulikpumpen deutlich hörbar und endete beim Einrasten mit einem dumpfen Schlag.

Alle Passagiere waren an Bord, die Arbeiten des Bodenpersonals beendet und der Ramp Agent hatte die Maschine an die Crew übergeben. Nach kurzer Verabschiedung verließ er schließlich das Flugzeug und die Kabinentüren wurden von innen verschlossen. Beim Verriegeln der Türen werden die Notrutschen für eine ungeplante Landung scharf gestellt, damit sie sich im Notfall beim Öffnen der Türen automatisch aufblasen. Danach aktivieren die Piloten in der Regel die Anschnallzeichen. Kurz danach werden sie einen Gong hören. Ein Achtungzeichen für die Kabinenbesatzung, da der Purser anschließend über Bordmikrofon die Instruktion an seine Flugbegleiter gibt: „All doors in flight and Crosscheck." Dies ist die Anordnung an seine Kollegen, nicht nur die eigene, sondern auch die gegenüberliegende Tür zu kontrollieren. Die Bestätigung wird durch den Purser an die Piloten weitergegeben: „Boarding completed, all doors in flight." Im Klartext: „Alle Gäste sind an Bord, alle Plätze wurden eingenommen, die Türen sind verriegelt und die Notrutschen aktiviert". Kurz – die Kabine ist klar für den Abflug. Diese Information ist für die Cockpitbesatzung, den Ramp Agent am Gate und für das Bodenpersonal an der Parkposition sehr wichtig. Wer genau hinhört, kann die Anweisungen über die Bordlautsprecher mithören. Im Cockpit werden die Ladeluken und auch die Türen noch einmal auf sicheren Verschluss überprüft. Danach kann bei der Bodenkontrolle die Freigabe zum Anlassen der Triebwerke beantragt werden.

Für alle Flugangst geplagten Menschen bedeuten die Minuten zwischen Verschließen der Kabinentüren und dem Anrollen der Maschine eine Zeit höchster Anspannung. Verständlicherweise stockt vielen der Atem, wenn unvermittelt das gleichmäßige Rauschen der Klimaanlage verstummt, die Frischluftzufuhr aussetzt und die Kabinenbeleuchtung dunkler wird.

Die Erklärung hierzu ist simpel: Nach Erteilung der Erlaubnis zum Anlassen der Triebwerke wird im Cockpit zunächst die dafür vorgesehene Checkliste abgearbeitet. Die gesamte elektrische Energie und große Mengen der zur Verfügung stehenden Druckluft werden nun zum Start der Triebwerke benötigt. Folglich werden alle Verbraucher abgeschaltet, die zu dem Zeitpunkt nicht dringend benötigt werden. Hierzu gehören auch die Klimaanlage und das Licht.

Ein leichtes Schütteln im Flugzeug kündigt das Starten des ersten Motors an. Dem Schütteln folgt ein Brummen, und das Brummen verändert sich schnell zu dem uns allen bekannten Geräusch eines laufenden Triebwerkes. Je nach Anzahl der Motoren wird sich dieser Vorgang in zeitlich kurzen Abständen wiederholen. Nach Abschluss spendieren die Piloten der Kabine auch wieder die ersehnte Frischluft über die Klimaanlage. An den Anzeigeinstrumenten überwachen die Piloten die Drehzahl, den Öldruck und die Temperatur der laufenden Triebwerke.

Nachdem die Vorfeldkontrolle die Erlaubnis zum Verlassen der Parkposition erteilt hatte, dockte der Flugzeugschlepper an das Bugfahrwerk an und schob die Maschine zurück. Selbst modernste Passagierflugzeuge haben keinen Rückwärtsgang. Die Vorwärtsbewegung des Flugzeuges geschieht – am Boden, wie in der Luft – ausschließlich über die Triebwerke. Die Fahrwerke werden nicht angetrieben. Das ist auch der Hintergrund, warum Verkehrsflugzeuge nicht eigenständig rückwärts rollen können.

Als schließlich eine freie Position erreicht war, von der unser Flieger selbstständig vorwärts rollen konnte, hieß es für die Piloten: Parkbremse setzen, Push back Fahrzeug abkoppeln und bye, bye an den Ramp Agent. Achten Sie einmal darauf! Wenn die Maschine abgefertigt und klar für den Weg zum Runway ist, gibt es in der Regel ein freundliches winke, winke vom Bodenpersonal an die Maschine.

Für die Einhaltung des Flugplanes ist es wichtig, im vorgegebenen Zeitfenster das Vorfeld zu verlassen, um den Slot, den Platz in der Startreihenfolge, nicht zu verlieren. Andernfalls könnte es sehr schnell zur ungewollten Verspätung kommen, die nur durch höhere Fluggeschwindigkeit kompensiert werden kann. Dies jedoch hat zur Folge, dass die Kosten und der CO^2 Ausstoß unnötig in die Höhe getrieben werden.

Als die Rollfreigabe für den Taxiway erteilt wurde, schob der Kapitän die Schubhebel vorsichtig nach vorne und die Maschine rollte an. Er folgte den gelben Linien bis zum vorgegebenen Haltepunkt, der je nach Verkehrsaufkommen kurz vor oder direkt auf der Startbahn liegt. Auf den Rollwegen zwischen Vorfeld und Startbahn aber auch in der Startphase bis zum Abheben, darf ausnahmslos der Kapitän das Flugzeug führen. Der Co-Pilot ist in dieser Zeit für die Kommunikation mit der Bodenkontrolle verantwortlich. Rollen ist halt Chefsache.

Während des gesamten Rollvorganges herrschte im Cockpit höchste Anspannung, da aufgrund der Lage der Tragflächen – die sich weit hinter dem Cockpit befinden – Kollisionen mit parkenden Flugzeugen nicht ausgeschlossen werden können. Die Hand des Kapitäns ruhte dabei ununterbrochen auf den Schubhebel. Neben dem Chef hatte natürlich auch sein erster Offizier die Abstände zu anderen Flugzeugen sowie den übrigen Verkehr im Blick.

Während des Rollens stand die nächste Checkliste zur Bearbeitung an. Hierbei wurden unter anderem die Trimmung, die Bremsen sowie die Klappen und Ruder noch einmal auf Funktionalität überprüft. Sollten Sie bei Ihrem Flug einen Fensterplatz ergattert haben, dann werfen Sie beim Rollen einmal einen Blick auf die Tragflächen. Sie werden den Piloten bei der Arbeit zuschauen können, denn die Startklappen, die Vorflügel, die Störklappen und auch die Seitenruder werden bis in die Endlagen ausgefahren und nach Funktionskontrolle wieder in die Neutralstellung gebracht.

Routinemäßig wird nach dem Check noch einmal das Szenario eines Triebwerkausfalls in der Startphase besprochen.

Kurz vor Erreichen des Runway wurden unsere Piloten aufgefordert, die Funkfrequenz zu wechseln, da die Zuständigkeit nun von der Vorfeldkontrolle auf den Tower überging. Die Lotsen sollten uns schließlich in die Luft begleiten und sicher durch den dichten Verkehr führen.

Unsere Warteposition lag kurz vor der Startbahn. Auf dem Weg dorthin folgten wir einem weiteren, aber deutlich kleineren Flugzeug. Dieser Maschine hatten die Lotsen den Vorrang gegeben. Sie bekam die Freigabe direkt auf den Runway zu rollen und ohne Wartezeit direkt zu starten. Mit lautem Getöse schoss sie nach vorne und verlor sich in der Weite des Flughafens.

Um Verständigungsfehler zu vermeiden, werden die Funksprüche zwischen Lotsen und Piloten wiederholt und damit bestätigt. Private Gespräche sind in dieser Phase ein absolutes Tabu.

„Flug 630 heavy, gehen Sie nach dem Airbus vor Ihnen auf die 25 C und warten. Wind aus 270°."

Der Kapitän schob die Gashebel erneut nach vorne und beim Eindrehen auf die Startbahn wurde die kilometerlange, hell erleuchtete Piste sichtbar. Wir rollten mit aktivierten Landescheinwerfern auf die 4.000 Meter lange und 60 Meter breite Startbahn. Und nun stand unser Flugzeug dort. Ausgerichtet auf der Bahnmitte und startbereit.

Das sind die Momente, in denen sich der Pulsschlag fast aller Reisenden erhöht. Warten – bis die Wirbelschleppen des Vorgängers verraucht sind. Warten – bis die Triebwerke aufheulen, die Bremsen gelöst werden und das Flugzeug nach vorne schießt. Wie viele Passagiere mögen es sein, die in diesem Augenblick von einer Welle der Angst überrollt werden.

Als die Startklappen bis zur berechneten Position ausgefahren waren, folgte die Startfreigabe durch den Tower:

„Flug 630 heavy, sie sind freigegeben zum Start auf der 25 C. Guten Flug."

„Ok – Start auf der 25 C. Danke und bye, bye."
„Startleistung 50 Prozent."

Der Kapitän schob die Gashebel langsam nach vorne.

„Startleistung gesetzt – 50 Prozent."
„Checked."

Die Triebwerke dröhnten, alles vibrierte. Aussteigen? Zu spät! Nach dem Check auf störungsfreien Lauf der vier Triebwerke folgte die Anweisung des Co-Piloten:

„Startleistung 100 Prozent."

Der Kapitän schob die Gashebel bis zum Anschlagpunkt nach vorne, um die Triebwerke auf das Maximum der Startleistung zu bringen. Noch einmal ein Blick auf den Öldruck, die Drehzahl und die Öltemperatur. Alles war im grünen Bereich.

„Startleistung gesetzt, 100 Prozent."
„Checked."
„Okay, Start!"

Der Kapitän löste die Bremsen und die Maschine setzte sich unter heftigem Getöse in Bewegung. Nun war im Cockpit erneut Teamarbeit und Konzentration gefragt. Nach dem Lösen der Bremsen beschleunigte das Flugzeug mit gewaltiger Energie. Beim Erreichen der einhundert Knoten Marke (185,2 km/h) wurden die Anzeigegeräte auf der rechten und linken Seite des Cockpits miteinander verglichen.

„One hundred."
„One hundred, checked."

Mit großer Kraft wurden alle in ihre Sitze gepresst und die Geschwindigkeit nahm rasant zu, meine Faszination auch! Aber im Passagierraum saßen jetzt zweifellos viele Menschen, die unter furchtbaren Panikattacken litten, bei denen sich jetzt gruselige Katastrophenphantasien breit machten – nur wenige Meter von mir entfernt. Der Blick aus dem Fenster ist für sie in dem Moment nicht hilfreich. Die Landschaft rast vorbei, die Tragflächen wackeln bedrohlich, alles rumpelt und vibriert, während die Triebwerke laut brüllend ihren Dienst tun. Die Unebenheiten der Startbahn wirken, wie die viel zu schnelle Fahrt auf einem schlechten Feldweg. Schütteln, Klappern und Knarren ist zu vernehmen. Die Kunststoffverkleidungen ächzen hässlich unter der Last und dem rasanten Höllenritt über die Startbahn. Das Flugzeug will einfach nicht abheben! Die Zeit wirkt unendlich und die Maschine rast immer noch in die gleiche Richtung. Sie klebt auf dem Asphalt. Die Panik der angstgeplagten Fluggäste nähert sich dem Zenit. Körperliche und psychische Alarmreaktion werden immer deutlicher, immer spürbarer. Der Blutdruck schnellt in die Höhe, Pulsschlag und Adrenalinspiegel steigen und die Hände, die sich an die Armlehne klammern, werden schweißnass. Der Kreislauf schlägt seine Kapriolen. Die Angst scheint vom Körper vollständig Besitz zu ergreifen. So definiert sich Aviophobie.

„V1 – Go!"
„Checked."

Die V1-Geschwindigkeit war erreicht. Der Start sollte nun nicht mehr abgebrochen werden, der Bremspunkt war überschritten. Die einzige Ausnahme jetzt noch eine Notbremsung einzuleiten, wäre ein unkontrollierbarer Systemfehler.

„Rotate."
„Checked."

Der Co-Pilot hatte die Geschwindigkeitsanzeige fest im Blick. Die Abhebegeschwindigkeit war erreicht, der Kapitän zog den Sidestick nach hinten und hob damit die Nase des Flugzeuges an. Die Maschine verließ die Erde und drehte in Richtung Süden ab. Nach einer langen Rechtskurve durchstießen wir rasch die ersten Wolkenfetzen.

Noch einmal zur Erinnerung: Je höher die Geschwindigkeit des Flugzeuges, umso schneller strömt auch die Luft an den Tragflächenprofilen vorbei. Der Sog auf der Oberseite der Flügel steigt permanent, bis schließlich der Punkt erreicht ist, bei dem der Auftrieb größer ist als das Gewicht des Flugzeuges. Die Abhebegeschwindigkeit VR ist erreicht.

Beinahe alle Passagiere stehen während der Startphase unter Stress. In einem tonnenschweren Flugzeug die Erde zu verlassen, zu fliegen, dass gehört ganz sicher nicht zu den alltäglichen Dingen des Lebens. Viele fühlen sich ausgeliefert, leiden darunter, nicht selber eingreifen zu können und nicht zu wissen, was aktuell dort vorne im Cockpit passiert. Viele malen sich Katastrophenszenarien aus und haben Angst vor einem Absturz. Nicht selten spielt bei Panikattacken die Angst vor dem eigenen Kontrollverlust eine gewichtige Rolle.

Der Flug-Tracker „Flightradar 24" zählte an einem Tag im Juli 2018 mehr als 200.000 Flugzeuge, die sich weltweit in der Luft befanden. 200.000 Starts und 200.000 Landungen. Nur an einem einzigen Tag!

Hilft Ihnen das? Eher nicht? Dann betrachten Sie es als netten Versuch, Ihre Flugangst mit einem Schlag aus Ihrem Kopf zu verbannen.

Jeder von uns kennt Angst. Aber – versuchen Sie einmal Angst zu definieren, Angst zu beschreiben, zu schildern wie sie sich anfühlt und was sie mit Ihnen und Ihren Gefühlen macht. Und, versuchen

Sie jetzt einmal für sich zu formulieren, wie man sich gegen Angst wehren kann, wie man Panik in den Griff bekommt oder sogar abstellen kann. – Sie werden erkennen, Angst ist ein komplexes Geschehen im Körper, das tiefgreifende Ursachen, aber auch tiefgreifende Auswirkungen auf Körper und Seele hat. Angst wird immer als bedrohliche Situation empfunden, sie schnürt uns förmlich die Kehle zu. Manchmal ist sie aber auch nützlich, weil sie uns vor Gefahren warnt. Man kann sie nicht abstellen, man muss die Ursache kennen und daran arbeiten. Genau das tun Sie gerade.

Nun aber zurück in die Kabine: Wenn das Flugzeug abhebt, den Kontakt zur Erde verloren hat, wird schlagartig alles ruhiger. Kein Rumpeln mehr, kein Klappern, Knarren oder Schütteln. Trotzdem sucht der Angstflieger nach etwas Beruhigendem, nach etwas Vertrautem. Fehlanzeige! Höchste Anspannung, Todesangst, quälende Gedanken und nagende Fragen plagen diese Menschen.

Im Cockpit hingegen herrschte indes konzentrierte Gelassenheit. Der Start lief nach Plan. Die Triebwerke brummten ruhig vor sich hin, die gewünschte Steigrate war erreicht und alle Anzeigeinstrumente lagen im grünen Bereich.

„Gear up."

Der Co-Pilot folgte der Anweisung seines Chefs und fuhr unverzüglich die Fahrwerke ein. Sofort verringerte sich der Luftwiderstand und die Strömungsverhältnisse verbesserten sich spürbar. Bei den allermeisten Verkehrsflugzeugen wird das Bugfahrwerk nach vorne, und das Hauptfahrwerk quer zur Flugrichtung eingefahren. Nach Einrasten der Räderpaare schließen sich auch die Fahrwerksschächte. Dem aufmerksamen Fluggast entgeht dabei unschwer das Sirren der Hydraulikantriebe, den spürbaren Ruck beim Einrasten der schweren Fahrwerke und das metallische Geräusch beim Verriegeln der Schachttüren. Im weiteren Verlauf der Steigphase näherten wir uns indes dem ewig blauen Himmel.

18 Schaukelnd durch die Wolken – darüber ist der Himmel

In der Steigphase arbeiten die Triebwerke mit hoher Leistung. Es ist wichtig, möglichst zügig die Reiseflughöhe zu erreichen, um den überfüllten Luftraum in Bodennähe zu verlassen. Während der Startphase werden die Flugzeuge vom Tower betreut. Danach übernimmt die zivile Flugsicherung das weitere Geschehen. Die Lotsen bringen die Maschinen auf den geplanten Kurs und halten dabei alle weiteren, in der Nähe befindlichen Flugzeuge im Blick. Nur selten können Maschinen auf direktem Weg ihre Reiseflughöhe erreichen. Die Besatzung eines im Steigflug befindlichen Flugzeuges wird bei hohem Verkehrsaufkommen oftmals gezwungen sein, Kursänderungen vorzunehmen. Wichtig ist, dass der Reiseverkehr in Flughafennähe zügig abfließen kann. Die Lotsen begleiten die Maschinen sicher durch den dichten Verkehr, vermeiden Staus und bringen sie gefahrlos auf die geplante Höhe. Es ist ein kurvenreicher Weg, ehe sich jede einzelne Maschine in den unaufhörlichen Strom der Flugverkehrsstraßen eingefädelt hat.

In vorgegebenen Geschwindigkeitsbereichen werden die Startklappen nach festen Regeln stufenweise eingefahren. Und dann ist immer wieder dieses Sirren aus dem Rumpf des Flugzeuges zu hören. Und immer wieder sind es die Stellantriebe, die die Startklappen an den Vor- und Rückseiten der Tragflächen in die Flügel einziehen. Dies geschieht stufenweise, um die optimale aerodynamische Form der Tragflächen an die jeweilige Geschwindigkeit anzupassen. Sind Slats und Flaps vollständig eingefahren, haben die Tragflächen für den Reiseflug die optimale Form. Die oben beschriebenen Veränderungen der Strömungsverhältnisse an den vorderen und hinteren Tragflächenkanten und die immer wieder angepasste Fluggeschwindigkeit sorgen für ungewohnte Geräusche und einen unsteten, aber harmlosen Flug in der Steigphase.

Der Startvorgang ist abgeschlossen, Fahrwerke und Startklappen sind eingefahren und die dafür vorgesehene Checkliste wurde abgearbeitet. Nun ist der Zeitpunkt gekommen, dass die Crew den Autopiloten aktiviert. Die Maschine entfernt sich immer weiter von der Erde und so manchem Fluggast weicht die Angst nicht von der Seite.

Plötzlich fliegen Wolkenfetzen wie weiße Wattebäusche an den Fenstern vorbei und sofort ist in der Kabine ein leichtes Vibrieren zu spüren.

Cumulus, Stratus- oder Stratocumuluswolken, die sich bis zu einer Höhe von zwei Kilometern entwickeln, werden zuerst durchflogen. Cumuluswolken sind Quellwolken, die in sehr große Höhen vordringen können. Stratuswolken stellen eine durchgehend graue Wolkenschicht dar und die Mischform daraus sind Stratocumuluswolken. Alle diese Formationen können mitunter so dicht sein, dass das Ende der Tragfläche im Nebel verschwindet. Wolken entstehen durch feuchte Luft, die soweit abkühlt, bis die Feuchtigkeit zu feinen Wassertropfen kondensiert. Das Gebilde wird zur Wolke. Je nach Temperatur, Aufwind oder Dichte der Wolke, steigt sie weiter nach oben oder sinkt nach unten. Umso dunkler eine Wolke erscheint, desto höher ist ihre Dichte und umso wahrscheinlicher ist es, dass sie ausregnet. Hierzu aber mehr, in einem der folgenden Kapitel.

Das Durchfliegen von Wolkenfeldern wird von vielen Passagieren als sehr unangenehm beschrieben. Die fehlende Sicht wirkt beklemmend. Kennen wir doch die furchtbaren Massenkarambolagen auf unseren Autobahnen, die durch plötzlich auftretenden Nebel ausgelöst, verheerende Unfälle nach sich ziehen und vielen den Tod bringen.

Für die Piloten kommen die Wolken jedoch nicht unerwartet. Sie werden bei jedem Start und bei jeder Landung damit konfrontiert. Die Fluglotsen vor ihren Bildschirmen haben dabei den besten Überblick. Sie sorgen dafür, dass jede Maschine sicher durch die Wolken gelangt. Hochkomplexe Radaranlagen erfassen jedes Flugzeug, übermitteln die jeweilige Flughöhe, die Richtung und die Geschwindigkeit. Darüber hinaus sind auch die Flugzeuge selber, mit eigenen Radargeräten und Antikollisionssystemen ausgestattet. Radargeräte kennen keine Sichtbehinderung durch Nebel, Wolken, Schnee oder Regen. In diesem Fall sind die heute zur Verfügung stehenden technischen Mittel schon lange den Fähigkeiten des menschlichen Auges überlegen.

Beim Weg durch die Wolken kommt hinzu, dass neben der bedrückend wirkenden Sichtbehinderung, der Flug zwangsläufig auch unruhig wird. Klare Luft hat völlig andere Dichten, als die mit Wasserdampf übersättigten Wolkenschichten.

Wolken entstehen und verändern sich. Sie werden vom Wind zerfetzt oder türmen sich anmutig in den Himmel auf. Sie bezaubern genauso, wie sie Furcht einflößen können. Sie bringen verheerende Unwetter oder spenden willkommenen Schatten. Sie verändern sich stetig, bilden neue, eindrucksvolle Formen und lösen sich genauso schnell im Nichts wieder auf.

Diese Wetterphänomene benötigen enorme Energien, um stattfinden zu können. Dabei kommt es immer auf die Wolkenart und deren Entstehung an. Ständige Veränderungen und Mischformen sind allerdings die Regel. Bei der Wanderung der Wolken treffen unterschiedliche Luftmassen aufeinander, die sich im Feuchtegehalt und der Temperatur voneinander unterscheiden. Dabei können sich neue Wolken bilden, die eine ganz andere Struktur aufweisen. Die Vielfältigkeit der thermodynamischen und physikalischen Vorgänge ist dabei grenzenlos. Es werden Energien freigesetzt oder gebunden. Nebel bildet sich oder löst sich auf. Kalte Luft fällt nach unten, Wind entsteht. Thermische Strömungen drängen nach oben, reißen Wassertropfen mit, Hagel entsteht. Wolkenfelder werden an Berghängen nach oben gezwungen, gelangen in kältere Luftschichten und regnen dort aus. Luftströmungen verursachen Turbulenzen, die mit Auf- und Abwinden, mit Querströmungen und Böen von allen Seiten verbunden sind. Die Aufzählung ließe sich endlos fortführen. Ich denke aber, dass es keiner weiteren Erklärung bedarf, warum der Flug durch die Wolken nicht so ruhig verlaufen kann, wie ein Flug durch den klaren, ungetrübten blauen Himmel.

Die enormen Energien, die bei der Passage durch die Wolken auf das Flugzeug einwirken, haben Ingenieure genau berechnet und bei ihren Konstruktionen berücksichtigt. Die bodennahen Wolkenschichten müssen bei jedem Flug immer wieder durchflogen werden. Bei Kurzstreckenflügen geschieht das mehrmals pro Tag, tausendfach pro Jahr, bei jedem Start und bei jeder Landung. Abhängig von der Jahreszeit kommen Regen, Schnee, Hagel und Gewitter hinzu. Für all diese Wetterereignisse sind Flugzeuge bestens ausgelegt. Und für die Besatzung sind unruhige Flüge mit Schlechtwetter und Turbulenzen reine Routine. Passagiere, die hinter den Tragflächen Platz genommen haben, können beobachten, dass sich die Flügel mit großer Dynamik bewegen. Je nach Spannweite und Flugzeugtyp kann die Durchbiegung einige Meter betragen. Dies klingt zwar beängstigend, ist jedoch für die Konstruktion und Stabilität des Flugzeuges völlig unbedenklich, sogar notwendig. Ein kleiner Trost für die Ängstlichen! Die bodennahen Wolkenschichten werden innerhalb kürzester Zeit durchflogen. Danach kehrt wieder Ruhe ein und mit ein wenig Glück bewegt sich das Flugzeug dann, wie auf Schienen durch die Troposphäre. Über uns die Sonne, unter uns die Wolken, die sich wie zarte Wattebällchen sanft aneinanderschmiegen. Ein Flug oberhalb der dichten Wolkenschichten ist ein Flug durch den ewig blauen Himmel. Ein Himmel, der uns von der Erde aus, viel zu oft verborgen bleibt. Im folgenden Kapitel erfahren Sie mehr über die wichtigsten Wolkengattungen und wie sie entstehen.

19 Die Erdatmosphäre – kleines ABC der Wolken

Vorab einige Sätze zur Begriffsdefinition „Erdatmosphäre". Innerhalb der gesamten Erdatmosphäre sind 80 bis 90 % des Luftsauerstoffes und des Wasserdampfes in der untersten Schicht der Atmosphäre, der Troposphäre enthalten. Die Troposphäre, umschließt die Erde ellipsenförmig. Sie erreicht in Äquatornähe eine Höhe von etwa 17 Kilometer und an den Polen endet sie bereits bei 8 Kilometern Höhe. Darüber beginnt die Stratosphäre. Das Wettergeschehen findet hauptsächlich in der untersten Schicht, der Troposphäre statt. Die Atmosphäre erstreckt sich über mehrere Hundert Kilometer über die Erdoberfläche hinaus und gliedert sich, von unten nach oben, in folgende Stockwerke: Die unterste Etage ist die Troposphäre, gefolgt von der Stratosphäre, der Mesosphäre und der Thermosphäre. Die letzte Schicht vor dem interplanetaren Raum ist die Exosphäre. Die folgenden Höhenangaben sollen hier nur einen ungefähren Anhalt geben.

Vertikaler Aufbau der Erdatmosphäre:

Troposphäre: 0 bis 15 km Höhe
              (Mittlere Temperatur bei 15 km Höhe: -56 °C)
Stratosphäre: 15 bis 50 km Höhe
Mesosphäre: 50 bis 80 km Höhe
Thermosphäre: 80 bis 500 km Höhe
Exosphäre: >500 km Höhe
Weltall: im fließenden Übergang zur Exosphäre.

In der Thermosphäre, bei ungefähr 400 Kilometern über der Erdoberfläche ist die internationale Raumstation ISS positioniert. Nur rund 100 Kilometer höher beginnt die letzte Etage der Erdatmosphäre, die Exosphäre. Sie weist keine scharfe Abgrenzung gegenüber dem interstellaren Raum auf und geht oberhalb von rund 500 Kilometern fließend in das Weltall über.

Der gesamte Flugverkehr findet in der Troposphäre statt. Dabei bewegen sich moderne Verkehrsflugzeuge in Reiseflughöhe bei rund 12.000 Metern über der Erde und sind dort Temperaturen von mehr als 50 °C unter null ausgesetzt. In der Troposphäre finden alle relevanten Wetterphänomene statt. Hier bilden sich auch die Wolken. Von der Erde betrachtet erscheinen sie meist weiß, manchmal grau oder sogar schwarz. Sie weisen unterschiedlichste Formen und Mächtigkeiten auf. Aber warum ist das so? Wie entstehen Wolken eigentlich und warum haben sie unterschiedliche Färbungen?

Kurz und knapp könnte man die Wolkenbildung wie folgt zusammenfassen: Wenn feuchte warme Luft auf Kalte trifft, aus Wasserdampf kleine Tröpfchen werden und diese geballt und sichtbar in der Atmosphäre schweben, dann haben wir es mit einer Wolke zu tun. Aber – erst einmal der Reihe nach:

Aufsteigende warme Luftmassen, die mit Wasserdampf angereichert sind, gelangen auf dem Weg nach oben in kältere Zonen (wie immer, gibt es auch hier Ausnahmen). In dieser Umgebung kann die Luft – zumindest relativ gesehen – weniger Wasser aufnehmen. Die Sättigung steigt, bis die relative Luftfeuchtigkeit einen Wert von 100 Prozent oder mehr angenommen hat. Im letzten Fall sprechen wir dann von übersättigter Luft. Im Zusammenspiel mit Kondensationskernen (z. B. Staub oder Ruß) bilden sich feinste Wassertröpfchen. Eine Wolke entsteht. Wolken bestehen also aus Wasser – nicht aus Wasserdampf!

Aus dem Flugzeug betrachtet sind sie weiß, ähnlich aufquellender Wattebäusche. Manchmal wachsen sie turmartig bis in große Höhen oder schmiegen sich flauschig um die Erde. Wolkenbilder sind vielfältig und faszinierend.

Grundsätzlich wird das Sonnenlicht in den Wolken abgelenkt. Gestreutes Licht erscheint für den Betrachter weiß. Von der Erde zeigen sich die Wolken umso dunkler, je mächtiger sie sind. Quellen sie hoch in den Himmel auf, kann das Sonnenlicht nicht mehr durchdringen. Dann präsentieren sie sich als schwarzes Gebilde und der Regen wird nicht lange auf sich warten lassen.

Die Troposphäre, die unterste Schicht der Erdatmosphäre ist also der Raum, in der sich die Wolken bilden. Zusammen mit dem Jetstream, den Starkwindbändern in der oberen Troposphäre, die in einem späteren Kapitel beschrieben werden, sind sie für das Wettergeschehen auf unserem Planeten verantwortlich. Im Folgenden werden die wichtigsten Wolkengattungen kurz erklärt:

Cumuluswolken entwickeln sich in Höhen unterhalb von 2.500 Meter. Es handelt sind dabei um einzelne Wolken, die sich in warmen aufsteigenden Luftblasen bilden und turmartig wachsen. Sie sind gegen den blauen Himmel scharf abgegrenzt und nehmen häufig die Form eines Blumenkohls an. Im oberen Teil leuchten sie weiß, nach unten werden sie dunkler. Entfalten sie sich in sehr hohe, kalte Bereiche, kommt es im oberen Teil zur Eisbildung. Dann werden Cumuluswolken zu Cumulonimbus – zu Gewitterwolken. Diese Unwetterwolken können sich bis zur Tropopause auftürmen. Sie liegt in unseren Breiten in Höhen zwischen 7 und 13 Kilometern; in den Tropen sogar bei 18 Kilometer Höhe. Kennzeichnend ist dann ihre Ambossform. Cumulonimbus-Wolken werden nach oben breit und flach. Nicht selten entwickelt sich daraus Starkregen, Hagel und heftige Gewitter. Bei der Blitzentladung erhitzt sich die Luft entlang des Blitzkanales schlagartig. Die Luft dehnt sich dabei mit Schallgeschwindigkeit aus und die daraus entstehende Druckwelle ist als Donner unüberhörbar.

Entstehung eines Cumulonimbus, einer Gewitterwolke. (Foto Holzportz)

Stratuswolken sind hochnebelartige Wolkendecken, die sich in einigen hundert Metern über der Erdoberfläche bilden, manchmal jedoch auch nebelartig bis zum Boden reichen. Entgegen der Quellwolkenbildung (Comuluswolken), entstehen Stratuswolken durch Advektion (und das ist der Unterschied zur aufsteigenden feuchten Luft), bei der sich wärmere Luftmassen horizontal über kältere Luftschichten schieben. Meist breiten sie sich zusammenhängend über den kompletten Himmel aus, der dabei durchgehend grau bedeckt ist. Stratuswolken entstehen also bei Inversionswetterlagen. Das heißt: Die unteren Luftschichten sind kalt und feucht, die oberen warm und trocken. In höheren Lagen herrscht dabei meist sonniges und warmes Wetter, während die Täler von dichten, geschlossenen Nebelfeldern durchzogen sind. Aus Stratuswolken fällt oftmals Nieselregen, im Winter Schneegriesel.

Wolken der Gattung Stratocumulus kommen in Deutschland am häufigsten vor und entstehen meist in einer Höhe von etwa zwei Kilometern. Sie stellen eine Mischform aus Quell- und

Stratuswolken dar. Und genau so sehen sie auch aus. Der Himmel ist dabei geschlossen. Aus der grauen Schicht sind wulstartig die Quellwolkenstrukturen erkennbar, die oftmals durch turbulente Winde entstehen. Das Gefüge aus Stratus- und Cumuluswolken ähnelt einem Gebilde aus vielen kleinen Wolken, die eng aneinandergeschoben eine geschlossene Wolkendecke bilden. Sie wird durch helle und dunkle Abschnitte gekennzeichnet.

In zwei bis sieben Kilometern Höhe findet man Altocumulus-Wolken. Sie bestehen aus flockenartigen Geflechten. Altostratus entsteht in den gleichen Höhen und erscheint als grauer, durchgehender Schleier, der den Himmel ganz bedeckt, stellenweise aber so dünn ist, dass die Sonne noch schwach hindurch scheint.

In Höhen zwischen fünf und dreizehn Kilometern finden sich Cirrus, Cirrostratus und Cirrocumulus. Cirrocumulus sind kleine, weiße, flockenartige Wolken in großen Höhen. Sie kündigen eine nahende Kaltfront mit der Möglichkeit einer Gewitterbildung an.

Vorne links im Bild, dunkel gefärbt: Altocumulus. Der Rest des Bildes: Cirrocumulus (Foto Holzportz)

Cirrus (lat. Federbüschel) zarte weiße Fäden oder Bänder   (Foto: Holzportz)

Im Vordergrund Cumuluswolken, links Stratus und dahinter, walzenförmige Stratocumuluswolken   (Foto: Holzportz)

Cirrus, deren fadenartiges Aussehen an weiße, durchscheinende Haare erinnert, besteht vollständig aus Eisteilchen und kündigt eine nahende Warmfront an.

Cirrostratus hingegen, ähnelt einem weißen, fast durchgängigen Schleier in großen Höhen, der die Sonneneinstrahlung dämpft, ihre Umrisse aber noch durchscheinen lässt. Auch Cirrostratus kündigt meist eine Warmfront an.

Altostratus (*Foto: Holzportz*)

Wolken entstehen und verändern sich. Mal schnell und mal weniger schnell. Wolken bringen Niederschläge. Aus ihnen fällt Regen, Schnee oder Hagel. Dabei entstehen Auf- und Abwinde. Damit Wolkenbildung erst möglich wird, ist Energie erforderlich. Die Sonne trägt zu einem wesentlichen Teil dazu bei. Kein Wunder, dass bei der Durchquerung der Wolken, Flugzeuge gelegentlich auch einmal durchgeschüttelt werden.

20 Reiseflughöhe – jetzt verschnaufen die Triebwerke

In der Kabine gewöhnt man sich schnell an das monotone Geräusch der Turbinen, während das tonnenschwere Flugzeug unermüdlich, Meter für Meter in die Höhe klettert. Nachdem die Anschallzeichen erloschen sind, beginnen die Flugbegleiter in der Regel mit dem Service. Nun beruhigt sich selbst der aufgeregteste Passagier vom Stress des Starts.

Bei Höhen um etwa 33.000 Fuß (ca. 10.000 Meter) ist in den meisten Fällen die Reiseflughöhe erreicht. Am Gipfelpunkt drosselt der Autopilot die Antriebsleistung und senkt über die Höhenruder die Flugzeugnase soweit ab, bis die Maschine eine waagerechte Position einnimmt. Routine, die sich bei jedem Flug wiederholt.

Aus Sicht des ein- oder anderen Passagiers stellt sich die Situation verständlicherweise aber spektakulärer dar, als sie tatsächlich ist. Denn – völlig überraschend verändert sich nach einem rund 30-minütigen, gleichförmigen Steigflug, das monotone Triebwerksgeräusch. Gleichzeitig ändert sich auch die Lage des Flugzeuges. Es steigt nicht mehr, sondern kippt nach vorne ab. Das alles geschieht für den Passagier plötzlich und völlig unerwartet. Es ist daher nachvollziehbar, dass ängstlichen Passagieren der Gedanke an einen Triebwerksausfall mit verheerenden Absturzszenarien in Panik versetzt. Unbegründet, wie wir aber gesehen haben!

Mit gedrosselten Triebwerken bewegt sich das Flugzeug nun konstant auf einer Höhe mit gleichbleibender Reisegeschwindigkeit, die üblicherweise zwischen 800 und 950 km/h liegt.

Auch Piloten müssen während des Fluges einmal die Füße vertreten, eine Pause einlegen oder die Toilette aufsuchen. Der beste

Zeitpunkt hierfür ist jetzt gekommen. Verlässt einer der Piloten seinen Arbeitsplatz, darf das nur bei ruhiger Fluglage geschehen. Bevor der fliegende Offizier seinen Wirkungsbereich verlässt, muss er die Maschine an seinen Kollegen übergeben. Alsdann übernimmt er sowohl die Verantwortung für den Flug als auch die Hoheit über den Funkverkehr. Bei der Rückkehr des Pilot Flying wird analog verfahren. Ein kurzer Rapport informiert über etwaige Besonderheiten während seiner Abwesenheit. Danach wird die Verantwortung wieder an den fliegenden Piloten abgegeben.

„You have Control."

„Okay. I have Control."

20.1 Essen und Trinken – willkommene Ablenkung

Kleinere Kurzstreckenflugzeuge verfügen in der Regel über zwei Bordküchen, die sich im Heck, ganz hinten und im Bug, direkt hinter dem Cockpit befinden. Bei Großraummaschinen sind mehrere Bordküchen (fachsprachlich Galley oder Pantry genannt) verbaut. Sie dienen dabei auch zur Abtrennung der First-, Business- und Economyclass. Die Platzverhältnisse sind in den Galleys sehr beengt und haben mit häuslichen Küchen keine Ähnlichkeit. Sie bieten Platz für die verschiedensten Behältnisse, Boxen und Trolleys. In ihnen werden die Speisen und Getränke für die Passagiere aufbewahrt, die während des Fluges ausgegeben werden. Zu den wenigen fest eingebauten Elektrogeräten zählen Backöfen und Kaffeemaschinen, die auch heißes Wasser für Tee liefern. Üblicherweise wird in den Galleys nicht gekocht, sondern nur erhitzt. Die

Bordküchen dienen vielmehr der schnellen Versorgung der Fluggäste mit vorgefertigten Speisen. Bei Langstreckenflügen sind sie jedoch oftmals so ausgelegt, dass sie besonders für Geschäftsreisende der First-Class individuellen Komfort bieten können. Wichtig ist, dass im Bereich der Galley alle Behältnisse, Trolleys und Türen fest verriegelt werden. Bei Starts und Landungen sowie bei Turbulenzen darf von ihnen keine Gefahr für das Personal, die Fluggäste und die Maschine ausgehen.

Bei Flügen in der Luxusklasse macht das Essen tatsächlich auch heute noch Spaß. Ansprechende Speisekarten eröffnen die Sicht in die besondere Gastronomie. Zugegeben, die Möglichkeiten der Bordküchen sind begrenzt und das Menü wird auch in dieser Klasse bereits am Boden vorgekocht und verpackt. Trotzdem sind die angebotenen Speisen auch für Genießergaumen geeignet. Der beachtliche Ticketpreis spricht dabei jedoch für sich.

In der Economy Class sieht dagegen das Angebot der Speisen – Pardon, das Angebot zum Füllen der Mägen – etwas spartanischer aus. Der Menüvorschlag für die Passagiere der Billigschiene könnte folgendermaßen lauten: mittelaltes Brötchen an Welksalat auf Industriekäse, fein serviert in Plastikfolie. Grundsätzlich erfahren wir hier das Ergebnis der „Geiz ist geil" Mentalität. Ich würde mir jedenfalls wünschen, dass diese Entwicklung mit den Pleiten von Air Berlin, Niki und Thomas Cook endlich wieder einen Richtungswechsel erfährt!

Wie dem auch sei. Dem angstgeplagten Passagier rate ich trotz alledem, während des Fluges eine Mahlzeit zu bestellen. Beim Aussuchen der Speisen, der Bestellung und dem späteren Verzehr vergeht die Zeit. Man ist abgelenkt. Mein Tipp: Es ist besser, sich über die Qualität und den Preis des Essens aufzuregen, als zusammengekauert in seinem Sitz auf den vermeintlich nahenden Absturz zu warten!

An dieser Stelle noch ein Hinweis zum Schmunzeln: Während des Fluges und besonders nach dem Essen bleibt dem einen oder anderen der Gang zur Toilette nicht erspart. Aber Vorsicht! Die Toilettenspülung ist gar keine Spülung. Die Hinterlassenschaften werden mit großem Unterdruck in einen Tank gesogen und dort später entsorgt. Es mag abstrus klingen, aber – wer noch im Sitzen die „Spülung" betätigt, dessen Allerwertester könnte, bei entsprechender Leibesfülle, fest in die Toilettenschüssel gesogen werden. Kleiner Trost: Es gibt auf jeder Bordtoilette einen Notrufknopf!

21 Wissenswertes – ganz nebenbei

Das größte Passagierflugzeug der Welt, der Airbus A380, hat in etwa 20 Sekunden seine Startgeschwindigkeit von rund 300 km/h erreicht. Wenn während der Beschleunigungsphase etwas Unvorhergesehenes passiert, muss auch dieser Riese kontrolliert zum Stehen gebracht werden. Aber Startabbruch heißt: Vollbremsung! Die Startbahn ist bedauerlicherweise nicht unendlich lang. 570 Tonnen in kürzester Zeit auf null abzubremsen – ein Kraftakt! Die Belastungen eines Startabbruches sind ungleich höher als die Beanspruchungen beim Routinestart. Aber warum knarrt und klappert während der Startphase der gesamte Innenraum? Auch diese Frage ist einfach zu beantworten. Die Kabinenverkleidungen haben keine tragende Funktion. Sie dienen hauptsächlich der Aufnahme des Handgepäcks. In ihr sind Leselampen und Belüftungsöffnungen verbaut, Bildschirme befestigt und Lautsprecher untergebracht. Diese Bauteile sind aus leichten Kunststoffen gefertigt. Sie sind gewichtsparend und gleichzeitig hoch flexibel. Vielleicht knarren und ächzen sie bei der rasanten Fahrt über die Startbahn, weil sie unter der Last des Handgepäcks, den Frust ihres – eigentlich – unnützen Daseins kundtun wollen.

Minimum Unstick Speed ist die minimale Abhebegeschwindigkeit. Sie wird in unzähligen Testreihen für jedes Flugzeugmuster ermittelt. Sie beschreibt die Geschwindigkeit, bei der ein Flugzeug bei maximalem Anstellwinkel (Steigung) gerade noch von der Startbahn abheben kann. Bedingt durch den extremen Anstellwinkel schleift das Heck bei den Testflügen vor dem Abheben funkensprühend über die Startbahn. Als Schutz gegen Beschädigungen des Rumpfes werden am hinteren Teil gefederte Sporne montiert. Anschließend wird bei Minimalgeschwindigkeit der maximal mögliche Steigflug eingeleitet. Aus diesen Testreihen gewinnen die Piloten und Ingenieure wichtige Erkenntnisse, die für den normalen Flugbetrieb von elementarer Bedeutung sind.

21.1 Luftlöcher – ein Ammenmärchen

Ich möchte an dieser Stelle den Versuch unternehmen, dem Ammenmärchen „Luftloch" den Garaus zu machen. Die weitverbreitete Ansicht, in der Atmosphäre gäbe es Luftlöcher, ist definitiv ein Mythos, der nicht den Tatsachen entspricht. Es gibt keine Luftlöcher und aus diesem Grund muss sich auch niemand davor fürchten. Basta! Das plötzliche Durchsacken des Flugzeuges hat ganz andere Gründe, wie wir im folgenden Abschnitt sehen werden.

In der Lufthülle der Erde sind die klimatischen Verhältnisse in großen Höhen anders als auf der Erdoberfläche. Die atmosphärischen Drücke verändern sich durch den Einfluss der Sonne. Hochs und Tiefs entstehen. Naturgemäß wollen sich deren Energien ausgleichen. Dabei strömen beachtliche Luftmassen vom Hoch- zum Tiefdruckgebiet. Der Wind, der dabei entsteht, dreht sich auf der Nordhalbkugel rechts um das Hoch- und links um das Tiefdruckgebiet. Auf der südlichen Halbkugel ist es genau umgekehrt. Beim Hoch wird die vertikal abströmende Luft zusätzlich von kalten Fallwinden überlagert, die das Hoch nähren. Beim Tief sind es die aufsteigenden Luftmassen, die Turbulenzen mit vielfältigen Ausprägungsformen verursachen. Zudem bewegen sich Luftschichten in unterschiedlichen Höhen, manchmal auch in verschiedene Richtungen. Manchmal sogar gegenläufig. Auch die Intensität der Luftbewegungen kann extrem voneinander abweichen. Vor allem in der Nähe von Gewittern, bei denen aufsteigende warme

Luftmassen sehr eng neben herabstürzender kalter Luft liegen, treten heftige Turbulenzen auf. Trifft ein Flugzeug auf ein derartiges Durcheinander an Luftströmungen, dann wackelt es – und der Tomatensaft ziert im schlimmsten Fall die ein oder andere Hose.

Bewegt sich ein Flugzeug in Zonen mit permanentem Gegenwind, dann treffen neben dem normalen „Fahrtwind", zusätzlich große Luftmassen von vorne auf die Tragflächen, die den Auftrieb weiter erhöhen. Endet das Sturmband oder seine Intensität lässt nach, dann nimmt auch der Auftrieb ab. Das Flugzeug sackt unvermittelt durch. Treffen ungünstigerweise gleichzeitig Fallwinde von oben auf die Maschine, dann wird der Flug in der Tat etwas holprig. Die Anschnallzeichen lassen in solchen Situationen nicht lange auf sich warten. Sie werden von den Piloten im Cockpit ausgelöst und dienen der Sicherheit aller Passagiere. Der ungewollte Kaffeefleck auf der Bluse ist dabei wohl das geringste Übel. Heftige Turbulenzen, die für das Flugzeug völlig unkritisch sind, könnten aber so manch kräftigen Mann zu Fall bringen, sollte er sich bei den oben beschriebenen Windverhältnissen gerade auf dem Weg zur Toilette befinden. Ein unfreiwilliger Sturz kann jedoch durch die strikte Beachtung der Anschnallzeichen vermieden werden.

Gleiche Szenarien spielen sich bei stürmisch, böigen Winden ab. Auch sie treten unangekündigt auf und sind auf dem Wetterradar nicht erkennbar. Auch hier steigt die Maschine mitunter unvermittelt und sackt genauso schnell wieder durch.

Selbst vorausfliegende Flugzeuge sorgen durch ihre Wirbelzöpfe für einen unruhigen Flug. Und schließlich sind es die Berge, denen der bodennahe Wind folgt und störende Auf- und Abwinde erzeugen. Sie sind vor allem bei der Landung für das ein- oder andere Durchsacken des Flugzeuges verantwortlich.

Wenn die Maschine unvermittelt an Höhe verliert, stört der Hopser nicht nur beim Genuss des Kaffees. Nein – im Geiste vieler

Passagiere läuft dann das Horrorszenario eines drohenden Absturzes ab.

Jeder, der schon einmal geflogen ist, kennt die Situation: Plötzlich ist im Flugzeug ein Ruckeln zu spüren. Danach wird der gleichförmige Flug mit einem Mal unruhig. Und dann – urplötzlich, scheinbar im freien Fall, verliert die Maschine an Höhe. Auch die Triebwerke wackeln mitsamt der Tragflächen, die sich bedrohlich durchbiegen. Im ungünstigsten Fall wiederholen sich die Vorgänge und es rappelt gehörig. Aber keine Sorge: Es sind definitiv keine Luftlöcher, in die die Maschine hineinstürzt. Es sind Turbulenzen, Fallwinde die von oben auf die Maschine einwirken, die für den Fluggast zwar unangenehm sind, für das Flugzeug jedoch keinerlei Gefahr darstellen. Das oberste Gebot ist zweifellos: Sitzen bleiben und anschnallen! Es gibt keinen Grund, die Fassung zu verlieren, weil Flugzeuge nicht einfach vom Himmel fallen. Für die Besatzungen sind derartige Situationen Fliegeralltag.

21.2 Kondensstreifen – alles verkratzt

Jeder kennt dieses Bild: Die Sonne scheint, der Himmel ist wolkenlos und stahlblau. Trotzdem sind sie da, die weißen Kondensstreifen hinter den Flugzeugen. Manchmal wirken sie, wie mit dem Lineal gezogen, ein andermal sind sie völlig zerzaust und strubbelig. Einige sind extrem lang, die Nächsten wieder kurz.

Es gab jedoch eine Phase im Jahr 2020, als die Kondensstreifen am Himmel eher die Ausnahme waren. Der Grund: COVID-19, das Coronavirus. Es begann am 27. Januar, als in Bayern der erste Krankheitsfall des neuartigen Virus gemeldet wurde. Ende Februar steckten sich zahlreiche Menschen bei einer Karnevalsveranstaltung im nordrhein-westfälischen Kreis Heinsberg an. Wegen der rasant schnellen Ausbreitung des Virus sprach am 17. März das Auswärtige Amt eine weltweite Reisewarnung aus, und gleichzeitig verhängte die Europäische Union ein Einreiseverbot, das für beinahe alle Länder außerhalb der EU galt. Nicht nur das öffentliche Leben, sondern auch der Flugverkehr wurde durch die Ausbreitung der Pandemie lahmgelegt. Lediglich Frachtflüge, die Industrie- und Gebrauchsgüter und zu einem Großteil medizinisches Material und Schutzmasken transportierten, waren in der Luft zu sehen. Der Lockdown hatte also zur Folge, dass Kondensstreifen kaum noch zu sehen waren. Ein ungewöhnliches Bild.

Aber nun zurück zu der Frage: Was sind Kondensstreifen eigentlich? Wie entstehen Sie und wann lösen sie sich wieder auf?

Kondensstreifen *(Foto: Holzportz)*

Kondensstreifen sind künstliche Wolken, die sich hinter den Triebwerken der Flugzeuge, meist oberhalb 7.000 Meter Höhe bilden.

In diesen Höhen ist die Luft sehr kalt. Sie kann im Reiseflug, bei 10.000 Metern über der Erde auch schnell einmal 50 Grad Celsius unter dem Gefrierpunkt erreichen.

Aber wie entstehen diese künstlichen Wolkenbänder?

Aus den Triebwerken der Flugzeuge werden Abgase ausgestoßen, die hauptsächlich aus Kohlendioxid, Wasserdampf und Rußpartikeln bestehen. Dieses Gemisch wird in der kalten Umgebungsluft verwirbelt. Dabei stellen die Rußpartikel sogenannte Kristallisationskeime dar, an denen sich Wassermoleküle aus den Triebwerksabgasen, aber auch aus der feuchten Umgebungsluft anlagern. Bei tiefen Temperaturen bilden sich daraus Eiskristalle. Sie streuen das Sonnenlicht und im gesamten Erscheinungsbild werden sie als helle Streifen am Himmel sichtbar.

Bei trockener Umgebungsluft bilden sich nur kurzlebige Kondensstreifen. In extrem kalter und feuchter Luft lösen sie sich jedoch nur zäh auf. Herrscht dabei Windstille, dann folgen sie schweifartig der Route des Flugzeuges – und das über viele Kilometer. Sehr oft herrschen jedoch in großen Höhen starke Winde. In diesem Fall werden die Kondensstreifen von den Luftmassen verwirbelt und wirken zerzaust. Sie lagern, besonders bei aufziehenden Tiefdruckgebieten, weitere Wassermoleküle aus der Umgebungsluft an und bilden auf diese Weise sogar eigenständige Wolken.

Manchmal kann beobachtet werden, dass die Kondensstreifen erst in einem gewissen Abstand hinter dem Flugzeug sichtbar werden. Die Erklärung ist in einem Zusammenspiel zwischen Thermodynamik und Optik zu finden. Direkt hinter den Triebwerken sind die Eiskristalle noch sehr klein, sind kaum in der Lage das Licht zu brechen. Erst nach Anlagerung weiterer Wassermoleküle nehmen sie an Größe zu und beginnen das Licht zu streuen. Erst blau, später weiß.

Kondensstreifen, die sich in niedrigen Flughöhen bilden, bestehen wegen der höheren Umgebungstemperatur nicht aus Eiskristallen, sondern aus Wassertropfen.

22 Das Wetter

22.1 Reiseimpressionen – auf dem Weg in den Oman

Diesmal war der Oman das Ziel meines Fluges im Cockpit. Unser Co-Pilot reiste am frühen Morgen aus seiner Heimatstadt Wien an. Natürlich per Flugzeug. Der Kapitän und ich nahmen die Autobahn von Köln über Koblenz nach Frankfurt. Am Vormittag starteten wir planmäßig und nahmen Kurs auf die Türkei. Wir überflogen die arabische Halbinsel und den Irak, um schließlich in den Oman zu gelangen.

Nach Erreichen der geplanten Flughöhe lag nur noch der klare blaue Himmel vor uns. Tief unter uns zogen schneeweiße Wolken wie Wattebällchen im Wind dahin. Die Sonne, die hier immer scheint, verlieh der Szene, in der wir uns gerade befanden, eine grenzenlose Weite und das Gefühl von unendlicher Freiheit. Die Stimmung im Cockpit war ausgeglichen und entspannt. Wir richteten uns auf den mehrstündigen Flug in den Oman ein, wo wir auf dem Muscat International Airport, dem wichtigsten Luftverkehrsknotenpunkt des Omans landen sollten.

Während des Fluges öffneten sich die Wolken immer häufiger und gaben den Blick auf die Erde frei. Wir überflogen unzählige Gebirgsketten. Schneebedeckte Bergspitzen ragten hoch hinauf und thronten über die sanften Täler, mit grünen Wiesen, kleinen Dörfern und Bächen. Wir folgten Flussläufen und überflogen Seen. Je weiter wir nach Südosten kamen, umso karger wurde die

Landschaft. Stein- und Sandwüsten wechselten sich ab. Besonders der Irak schien menschenleer.

Manchmal bedeckten samtweiche, gleichmäßig über den Himmel verteilte Wolken die Erde. Die Sonne hüllt den Planeten in ein Wechselspiel von Licht und Schatten. Die Wolken wirkten dabei wie ein flauschiges Daunenbett. Selbst die anmutigen Gewitterwolken, die aus den einheitlichen Wolkenschichten deutlich herausragten, hatten wunderschöne Formen. Mit etwas Fantasie konnte man in ihnen Gesichter, Figuren oder vollständige Tiere erkennen. Aus zehntausend Meter Höhe erschien alles so bezaubernd und friedlich.

Noch beeindruckender war der nächtliche Flug über die Wüsten Kuwaits, Syriens und rund um den Persischen Golf. Wir überflogen unzählige Ölfelder, deren überschüssige Begleitgasvorräte bis heute immer noch sinnlos abgefackelt werden. Die riesigen Flammen lodern Tag und Nacht, vernichten gigantische Energiemengen und treiben den Ruß und CO^2 Gehalt gewaltig in die Höhe. Trotz alledem erschienen sie aus der Luft wie Teelichter im Sand.

Wir erlebten einen traumhaften Moment, in dem auf der einen Seite des Flugzeuges der Mond über dem Horizont schillernd emporstieg – und auf der anderen Seite des Flugzeuges die Sonne in leuchtenden Farben unterging. Szenen, die nur im Flugzeug, in großen Höhen erlebbar sind. Ich jedenfalls fühlte mich wie im Himmel und solche Augenblicke, mit allen Sinnen wahrgenommen, vergisst man nie wieder. Bei diesem Flug stimmten auch alle äußeren Bedingungen. Der Wind kam aus der richtigen Richtung, die Luft war klar und es gab keine nennenswerten Turbolenzen.

Unumstritten wird jedoch jeder Flug stark vom örtlichen Wettergeschehen beeinflusst. Daher kann durch Regen, Schnee, Gewitter oder Sturm die eine oder andere Reise auch einmal etwas unruhiger verlaufen. Auch der Start und die Landung sind mitunter davon betroffen.

22.2 Eis und Schnee – gekratzt wird am Boden

Auf der Startbahn erhöhen bereits geringste Mengen Schnee den Rollwiderstand, verlängern den Startweg und machen einen Startabbruch schwieriger. Daher werden bei Schneefall zuerst die Start- und Landebahnen geräumt, danach die Rollwege und zum Schluss das Vorfeld. Nach der Räumung werden Testfahrten mit Spezialfahrzeugen durchgeführt, bei denen festgestellt wird, ob die Bahnen für Starts und Landungen geeignet sind. Diese Tests werden von speziell ausgebildeten Mitarbeitern in regelmäßigen Abständen wiederholt.

Bei Temperaturen um den Gefrierpunkt können Rumpf, Tragflächen und Triebwerke vereisen. Eine Eisschicht erhöht das Gewicht des Flugzeuges und verändert seine aerodynamischen Flugeigenschaften. Deshalb muss vor dem Start die gesamte Außenhaut sorgfältig enteist werden. Dann allerdings darf bis zum Start nicht mehr viel Zeit vergehen. Um einem erneuten Einfrieren entgegenzuwirken, werden die abgetauten Flugzeuge möglichst zügig in die Luft gebracht. Klappt das nicht, dann heißt es: Zurück zur Enteisungsmaschine.

Die gesamte Prozedur des Abtauens kommt immer ungelegen, weil dies zwangsläufig zu Verspätungen führt. Selbst bei Temperaturen kurz über dem Gefrierpunkt ist die Entfrostung oftmals von Nöten. Kehrt beispielsweise eine Maschine von einem längeren Flug zurück, bei dem der Kraftstoff in den Tragflächen derart kalt geworden ist, dass Nebel oder Regentropfen auf den Flügeloberflächen frieren, dann könnte dies beim nächsten Start fatale Folgen haben.

Das biologisch abbaubare Frostschutzmittel ist ein Gemisch aus Alkohol, Wasser und verschiedenen Zusatzstoffen. Es wird von Spezialfahrzeugen, die mit langen Auslegern und ferngesteuerten Düsen ausgestattet sind, dampfend auf das Flugzeug aufgesprüht.

Während des Rollens kann die Triebwerksaußenhaut über die heißen Abgase eisfrei gehalten werden. Nach dem Abheben gelangt das Flugzeug in den allermeisten Fällen in Wolkenschichten, in denen bekanntlich die Luftfeuchtigkeit extrem hoch ist. Unterkühlte Wassertröpfchen gefrieren dabei spontan beim Auftreffen auf die Oberfläche des Flugzeuges. Eine frostige Umgebung. Um beim Flug durch die Wolken der Gefahr einer Vereisung entgegenzuwirken, wurden verschiedene Systeme entwickelt: Bei strahlgetriebenen Luftfahrzeugen hat sich eine Methode besonders etabliert: Hierbei wird Zapfluft – heiße Abgase also – aus einer Verdichterstufe des Triebwerks in die Flügelvorderkanten geleitet. Dadurch gefrieren auftreffende Wassertröpfchen nicht mehr, sondern fließen nach hinten ab oder verdampfen spontan.

Sogar bei einem hochsommerlichen Flug über die heißesten Gebiete Afrikas bewegen wir uns in Reiseflughöhe trotzdem bei beachtlich niedrigen Umgebungstemperaturen, die gut und gerne bei minus 50 Grad unter null liegen können. Die Vereisungsgefahr ist hier jedoch eher gering, da kalte Luft weniger Feuchtigkeit binden kann, als warme. Aber auch hier können hoch gelegene Wolkenschichten oder aufsteigende feuchte Luft zur Eisbildung auf der Flugzeughaut führen. Und auch hier helfen die umgeleiteten heißen Abgase beim Schutz gegen den Frost.

In der kalten Jahreszeit sollte jeder Fluggast ein paar Minuten Verspätung zugunsten einer sorgfältigen Enteisung in Kauf nehmen. Es ist gut investierte Zeit, denn sie dient der Sicherheit.

22.3 Regen – sie darf auch mal nass werden

Tritt beim Start, beim Steig- oder Landeanflug plötzlich heftiger Regen auf, so ist dies kein Grund zur Panik. Starkregen stellt weder für die Maschine, noch für den Flug ein echtes Problem dar. Hier haben insbesondere die Triebwerkskonstrukteure Vorsorge getroffen. Triebwerke werden so gebaut, dass sie etwa 100 Liter Regenwasser pro Sekunde schadlos verkraften und trotzdem den nötigen Schub liefern. Umgerechnet sind das 10 große Wassereimer pro Sekunde und damit 6 Kubikmeter pro Minute – auf nur ein Triebwerk! Man muss sich also keine Sorgen machen, wenn das Flugzeug bei Starkregen zur Startbahn rollt. Werden Grenzen überschritten, dann erhält die Maschine keine Starterlaubnis.

22.4 Gewitter – gewaltige Schönheit

Noch ein Wort zum Gewitter: Der sicherste Schutz vor Blitzschlägen ist der Faradaykäfig, benannt nach dem englischen Experimentalphysiker Michael Faraday (1791-1867). Er besteht aus einem elektrisch leitenden Gehäuse oder einem Metallkäfig. Blitze verteilen sich auf deren Oberfläche, dringen aber nicht in den Innenraum ein! Dort ist man also vor Blitzschlägen sicher.

Genau wie im Automobil, befindet man sich innerhalb des Flugzeuges in einem Faradaykäfig. Elektrische Entladungen verteilen sich über das Metallgerippe, fließen darüber ab, dringen aber nicht ins Innere ein. Bei der Annäherung an ein Gewitter sind Blitze also nicht die eigentliche Gefahr. Starke Unwetter, heftigste Auf- und

Abwinde, unberechenbare Stürme in alle Richtungen sowie Starkregen und Hagel können den Flug gefährden. Um Menschen und Material zu schützen, werden Gewitter respektvoll in großem Abstand umflogen. Eines sollten Sie nie vergessen: Auch die Crew möchte – genau wie Sie – nach jedem Arbeitstag unbeschadet zu ihren Familien zurückkehren.

Bei einem Flug, der uns nach Boston führte, zeigte das Wetterradar ein starkes Gewitter, das genau auf unserer Flugroute lag. Aus dem Cockpit konnten wir beeindruckend beobachten, wie sich direkt vor uns unglaubliche Wolkenmassen auftürmten, die weit über unsere Flughöhe hinausragten. Es war ein mächtiger Cumulonimbus – eine Gewitterwolke. Diese Wolken beeindrucken durch ihre faszinierenden Formen. Besonders in diesen Höhen.

Wir befanden uns auf 33.000 Fuß, entsprechend einer Höhe von 10.058 Metern. Die Piloten besprachen das Szenario und holten sich bei der Flugüberwachung die Erlaubnis ein, das Gewitter großräumig zu umfliegen. Rechts und links bildeten sich weitere Gewitterzellen. Aber – die Piloten zeigten sich entspannt und gelassen, flogen einen weiten Bogen und brachten uns sicher durch das Schlechtwettergebiet. Ich konnte währenddessen staunend und fasziniert die gewaltige Schönheit und die kraftvollen Erscheinungen der Natur genießen. Wir bewunderten gigantische Wolkenmassen, die von der untergehenden Sonne in funkelndes, manchmal auch bedrohliches Licht getaucht wurden. Wir ließen züngelnde Blitze auf uns wirken, die auf Augenhöhe die benachbarten Wolken küssten. Gleißende Lichter ließen die Wolkenmassen taghell erscheinen. Ein Gesamtkunstwerk, wie man es am Boden ganz sicher – so – niemals beobachten kann. Im Cockpit herrschte indes beruhigende Ausgeglichenheit und selbst die beiden, durch hohe Flugerfahrung routinierten Piloten, schienen dieses Spektakel wirklich zu genießen. Ich habe innegehalten und war dankbar, diese gewaltige Natur einmal aus der Vogelperspektive erleben zu dürfen. Nicht Angst, sondern Bewunderung, Freude und Respekt sind mir von diesem einmaligen Naturschauspiel in Erinnerung geblieben.

22.5 Scherwinde – unangenehme Wetterphänomene

Im Netz kursieren spektakuläre Videoaufnahmen von aufregenden Landungen, die im Zusammenhang mit Scherwinden stehen. Die Nase des landenden Flugzeuges weist beim Anflug mit stürmischem Seitenwind nicht zur Landebahn, sondern schräg zu ihr – dem Wind zugewandt. Zudem sind die Tragflächen dabei nicht horizontal, sondern – abenteuerlich – zur Seite geneigt. Die Maschine hat Schlagseite. Die Piloten sprechen dabei vom "Sideslip Approach". Hinter dem populärwissenschaftlichen Begriff des Scherwindes verbergen sich komplexe Luftmassenbewegungen im Bereich der Troposphäre. Scherwinde entstehen aus Windscherungen, bei denen zwei Luftmassenströme vertikal, in gleicher Richtung, aber mit unterschiedlicher Geschwindigkeit übereinander gleiten. Windscherungen können auch in entgegengesetzter Richtung stattfinden. Derartige Luftströmungen treten sowohl in horizontaler als auch in vertikaler Richtung auf. Horizontale Windscherungen können beispielsweise durch Hindernisse am Boden hervorgerufen werden. Dabei bremsen Gebäude, Hügel oder große Bäume den Wind in Bodennähe ab, während sich die Luftmassen weiter oben mit gleichbleibender Geschwindigkeit fortbewegen. Auch gegenläufige Winde bilden Scherungen. Vertikale Scherwinde treten oftmals am Rande von Gewittern, Wetterfronten und heftigen Schauern auf, bei denen starke Fallwinde aus den Wolken herabstürzen und am Boden in horizontale Richtung abgelenkt werden. Warme Luftmassen in Erdnähe werden dabei verdrängt und entweichen nach oben. Manchmal lösen auch Inversionswetterlagen oder große Luftdruckunterschiede das Wetterphänomen aus. Hierbei gleicht sich die Druckdifferenz beider Fronten unter lebhaftem Wind aus.

Scherwinde sind Störenfriede des Luftverkehrs. Sie sorgen fast immer für unruhige Flüge. Sie treten in großen Höhen genauso auf wie in Bodennähe. Beim Landeanflug fordern sie den Piloten hohe Konzentration ab und für den Passagier sind sie unangenehm. Besonders kurz vor dem Aufsetzen! Dann nämlich, wenn jeder die Landebahn schon fest im Blick hat, wird die Maschine noch einmal von vorne bis hinten durchgeschüttelt. Die Ungewissheit, was da gerade passiert, die Frage, ob die Piloten momentan ernsthafte Schwierigkeiten haben oder die Maschine auf den letzten Metern einen Defekt hat, treibt den größten Teil der Passagiere um, ehe das erlösende Rumpeln des Hauptfahrwerkes auf dem Asphalt der Landebahn spürbar wird.

Landeanflüge unter Scherwindbedingungen werden von den Piloten unzählige Male geübt. Bei der Ausbildung, im Flugsimulator und in der Praxis. Diese Landungen werden unter dem Begriff „Crosswind landing" zusammengefasst. Die Flugüberwachung weist die anfliegenden Maschinen auf die besondere Situation hin, damit sich die Piloten auf die Lage frühzeitig einstellen können.

Die Ausdehnung der Scherwinde beschränkt sich stets auf ein kleines Gebiet. Also – einmal tief durchatmen, entspannen, Augen zu und durch. Es ist nicht schön, aber die Piloten wissen, was zu tun ist.

22.6 Jetstream – Luftströme in großer Höhe

Unter Jetstream versteht man Starkwindbänder die sehr beständig in Ihrer Intensität und Lage, in Höhen zwischen 10 und 15 Kilometern wehen. Diese Strahlströme, wie sie auch genannt werden, sind Westwinde und verlaufen in den oberen Schichten der Troposphäre. Sie können Windgeschwindigkeiten von 250 bis hin zu 550 km/h annehmen. Ein mächtiger Polar-Jetstream erreichte in Japan im Jahr 1970 sogar eine Kerngeschwindigkeit von 650 km/h.

Die globalen Wetterverhältnisse werden durch den Jetstream entscheidend geprägt. Die Entstehung, die Lage, die Windgeschwindigkeit, aber auch die Breite und Höhe des Sturmbandes sind von hoch komplexen thermodynamischen, physikalischen und strömungstechnischen Gesetzmäßigkeiten abhängig. Hier spielen die warmen Luftmassen, die zum Nordpol wandern, genauso eine gewichtige Rolle, wie die Corioliskraft, die durch die Erdrotation auf die wandernden Luftmassen einwirkt.

Grundsätzlich unterscheidet man im Wesentlichen zwischen zwei Starkwindbändern: dem Nördlichen und dem Südlichen. Der nördliche, der polare Jetstream, bewegt sich in enormer Breite zwischen dem 40. und 60. geografischen Breitengrad. Sein nördlicher Rand verläuft in der Höhe Kanadas, über den Nordatlantik bis Südgrönland und weiter bis zum norwegischen Oslo. Sein südlicher Rand reicht hinunter bis New York, im Extremen sogar bis zu den Azoren, Mittelspanien und Italien.

Ein zweiter Strahlstrom bewegt sich ebenfalls auf der nördlichen Erdhalbkugel. Es handelt sich dabei um den subtropischen Jetstream, der sich zwischen dem 20. und 30. Breitengrad- Nord, genau wie sein großer Bruder, von West nach Ost bewegt. Dieser Sturm fegt im Bereich des Wendekreises der Sonne, in Höhe der

Bahamas, dem Golf von Mexiko über Nordafrika, den arabischen Ländern, nach Libyen und Indien.

Eines haben diese Winde gemeinsam: Sie sind über längere Zeit sehr beständig, kommen immer aus West und ziehen nach Ost ab. Der polare Jetstream ist stärker ausgeprägt als der Subtropische, der auch jahreszeitlich unterschiedlich weht. Der polare Jetstream beeinflusst die europäische Großwetterlage zu einem wesentlichen Teil.

Darüber hinaus gibt es einen dritten Strahlstrom, der sich jedoch von Ost nach West, von Zentralasien bis in den nordafrikanischen Kontinent hineinzieht.

Im Langstreckenflug zwischen Amerika und Europa spielt das polare Starkwindband eine wichtige Rolle. Dort macht man sich die von West nach Ost abströmenden Luftmassen zunutze. Die Piloten steuern Ihre Flugzeuge in das Windband und lassen sich nach Osten treiben. Hierdurch kann eine hohe Reisegeschwindigkeit bei vergleichsweise geringem Treibstoffverbrauch erreicht werden. Bei einem Flug von Chicago nach Frankfurt kann der Zeitvorteil gut und gerne eine Stunde ausmachen. Bei einem meiner Flüge von Boston nach Frankfurt verkürzte sich unsere Reisezeit um 45 Minuten. Die genaue Route wird individuell an den Verlauf und die Geschwindigkeit des jeweiligen Windbandes angepasst. So kann bei einem Flug von Ost nach West dem Gegenwind ausgewichen und in entgegengesetzter Richtung, der Rückenwind ausgenutzt werden. So ist erklärbar, warum Langstreckenflüge zwischen Europa und den USA nicht selten weit ab der kürzesten Flugroute liegen.

Das Wissen um die Hintergründe der Jetstreams hat für die Minimierung des globalen CO^2-Ausstoßes im Flugverkehr gesorgt und die Reisezeiten verkürzt.

23 Die Landung

23.1 Sinkflug – im Leerlauf zur Erde

Nach dem Start steigen Flugzeuge kraftvoll schnell in große Höhen auf. Am „Top of climb" sind die Maschinen schließlich in den Bereich vorgedrungen, in dem die dünne Luft dem Flugzeug weniger Widerstand entgegensetzt und das Fliegen wirtschaftlicher macht. An diesem Punkt ist der Steigflug beendet und der Reiseflug beginnt. Die Piloten sind bemüht, möglichst lange in Reiseflughöhe zu bleiben, um den Treibstoffverbrauch gering zu halten. Dabei ist der „Top of descent" eine wichtige Wegmarke. Er kennzeichnet den Beginn des Sinkfluges. Hier muss die Nase runter, damit der Zielflughafen in einer ausgewogenen Sinkrate erreicht werden kann. Nicht zu schnell – und nicht zu langsam! Aus einer Reiseflughöhe von 10.000 Metern Höhe beginnt der Sinkflug etwa 30 Minuten vor der geplanten Landung.

Doch was passiert am „Top of descent"? Im Cockpit wird der Schub reduziert und über die Höhenruder die Flugzeugnase gesenkt. Die Maschine dreht dabei über die Querachse und gleitet in Richtung Erde. Nicht selten stehen nun auch Kursänderungen an. Hydraulikpumpen bewegen die Klappen, und enorme Luftmassen, die das Flugzeug bei rund 900 km/h anströmen, wirken dem entgegen. Alleine das Höhenleitwerk am Heck des Airbus A380 hat eine Spannweite von mehr als 27 Metern! Um deren Ruder zu bewegen, werden enorme Kräfte aufgewendet. Aggregate, die hierzu im Flugzeug verbaut sind, verursachen Geräusche, die in der Kabine hörbar sind.

Der Übergang vom Reiseflug in den Sinkflug ist für angstgeplagte Passagiere eine weitere kritische Phase. Bange Momente, vielleicht sogar Panik, beherrschen dann die Szenerie.

Wie alle Fluglagenänderungen kommt auch der Sinkflug für die Passagiere unverhofft. Während des gesamten Reisefluges rauschen die Triebwerke gleichförmig, doch plötzlich, beim Beginn des Sinkfluges wird alles still. Die Motoren sind kaum noch hörbar und genauso unverhofft senkt das Flugzeug die Nase. Nach einem gehörigen Schrecken kauert jetzt so mancher Passagier völlig verkrampft in seinem Sitz und stellt sich auf den nahenden Absturz ein. Schweißnasse Hände suchen nach Halt. Angstvolle Blicke lassen die Flugbegleiter nicht mehr aus den Augen. Permanent werden deren Verhalten und Mimik analysiert. Solange sie Ruhe und Gelassenheit ausstrahlen, geben sie Halt und ein wenig Sicherheit.

Aus hunderten, manchmal tausenden Kilometern Entfernung wird das Flugzeug punktgenau am Anfang der angesteuerten Landebahn aufsetzen. Für den Laien eine Meisterleistung, für die Piloten alltägliche Routine. Der Tower des Flughafens überwacht den Sink- und Landeanflug, während im Cockpit noch einmal das Anflugverfahren besprochen wird. Jetzt liegen nur noch wenige Wegpunkte vor ihnen. Wegpunkte, die als GPS-Koordinaten definiert sind, die die Richtung und Höhe bis zum Touchdown vorgeben. Bei verlangsamter Geschwindigkeit laufen die Triebwerke kerosinsparend und leise im Leerlauf, entwickeln kaum noch Schub, sind also für die momentane Flugphase eigentlich bedeutungslos. Und siehe da, das Flugzeug fällt trotzdem nicht vom Himmel, es gleitet wie ein Segelflugzeug sanft zur Erde! Sollte der Gleitflug zu langsam ablaufen und die Sinkrate zu gering sein, dann setzen die Piloten hilfsweise die äußeren Störklappen ein, um schneller Höhe zu verlieren. Ein minimaler Ausschlag verursacht eine vorübergehende Strömungsstörung auf den Tragflächen und das Flugzeug sackt durch. Sobald die vorgegebene Höhe erreicht ist, werden die

Störklappen wieder eingefahren und das Flugzeug liegt nach wenigen Sekunden wieder ruhig in der Luft.

Grundsätzlich ist das Anflugverfahren für den Sinkflug mit dem Steigflug vergleichbar. Wegen Überfüllung des Verkehrsraumes in Flughafennähe, ist auch der Weg nach unten nicht gleichmäßig und schnurgerade. Keiner darf dem anderen zu nahekommen. Die Fluglotsen haben das Geschehen jederzeit im Blick. Sie fädeln die anfliegenden Maschinen in den Strom der landenden Flugzeuge ein und bringen sie sicher zum Aufsetzpunkt. Wer je mit dem Auto in den verkehrsreichen Zeiten durch die Knotenpunkte der Großstädte gefahren ist, kennt die üblichen Szenarien: Spurwechsel, beschleunigen, überholen, abbremsen, wieder Spurwechsel – und so weiter und so weiter. Das alles kann mitunter stressig sein und erfordert vom Fahrer hohe Konzentration. Sie können das Szenario durchaus mit dem Landeanflug eines Passagierflugzeuges auf einen großen Verkehrsflughafen vergleichen! Die Abstände der Flugzeuge sind dabei allerdings so groß, dass der Fluggast die anderen in der Luft befindlichen Maschinen meist gar nicht wahrnimmt. Trotzdem ist es verständlich, dass der Endanflug auf den Airport von beinahe allen Fluggästen als unangenehm empfunden wird. Der Kreislauf schlägt Purzelbäume, der Ohrendruck steigt und der Gleichgewichtssinn wird ordentlich auf die Probe gestellt. Das normale Körpergefühl des Menschen ist an Bewegungen auf der Erdoberfläche, im zweidimensionalen Raum, optimal angepasst. Bei dreidimensionalen Bewegungen wird es für den ein oder anderen schon etwas schwieriger. Bei so manchem löst bereits das Schaukeln eines Ruderbootes Übelkeit aus. Bei sehr, sehr vielen Menschen kommen, neben dem körperlichen Unbehagen, auch seelische Unruhe und Angst hinzu. Wer aber verstanden hat, dass ein scheinbar konfuser Landeanflug nicht auf einen technischen Defekt zurückzuführen ist, nicht der verzweifelten Suche nach dem Flughafen dient und schon gar nicht dem Unvermögen der Piloten geschuldet ist, wird die Furcht davor verlieren.

23.2 Landeanflug – Wolken, Berge, Städte

Eine Sinnesfreude – der Landeanflug auf Antalya, an der türkischen Südküste. Wer ihn bei klarem Wetter erleben darf, der schwärmt vom gebirgigen Hinterland, das mit seinen (manchmal) schneebedeckten Bergspitzen dicht überflogen wird. Die bezaubernde Landschaft zwischen rauen Gipfeln und sanften Tälern ist zum Greifen nahe. Dabei wirken die kargen Bergspitzen anmutig und scheinen menschenleer. Die wenigen kleinen Quellwolken werfen ihre Spiegelbilder auf die sonnenverwöhnten Hänge. Spätestens jetzt beginnt für viele der Urlaub an der „Türkischen Riviera". Wirklich genießen kann das jedoch nur derjenige, der nicht unter Flugangst leidet, denn das Flugzeug wird mitunter ordentlich durchgeschüttelt, obwohl die Luft klar und kaum eine Wolke weit und breit zu sehen ist. Wenn ängstliche Menschen jetzt ihr Gesicht verkrampfen, die Schultern hochziehen und ihre schweißnassen Hände noch einmal in die Armlehnen eingraben, ist das durchaus verständlich – aber grundlos.

Beim Flug in Bodennähe können, neben Wolken und dichtem Flugverkehr auch Berge, Täler und Städte dazu beitragen, dass Flüge mitunter ein wenig holprig und unkomfortabel werden. Aber – wie kann das sein? Hier die Antwort: Große Metropolen – und dort befinden sich die meisten Flughäfen – entwickeln eine hohe Eigenwärme. Zusätzlich heizt die Sonne die Fassaden auf, deren enorme Oberfläche die Wärme speichert. Hinzu kommt, dass durch enge und hohe Bebauung der Wind die Hitze nicht horizontal abtransportieren kann. Die Wärme ist gefangen. Sie kann nur nach oben entweichen – und das tut sie auch! Aus diesem Grund bilden sich über den Städten thermische Strömungen, die selbst in großen Passagierflugzeugen spürbar sein können. Befinden sich nun auch noch Berge und Täler im Bereich der Flughäfen, dann kommt ein dritter Faktor hinzu, der das Flugzeug mehr oder minder durchschüttelt, und so manchen Passagier kurz vor der Landung gruseln lässt. Völlig verständlich, aber auch ebenso unbegründet und ungefährlich, wie sich zeigen wird:

Wir wissen, dass der Flug durch die Wolken mitunter turbulent sein kann. Warum schüttelt sich das Flugzeug nun aber auch bei wolkenlosem, stahlblauem Himmel?

Hier die Erklärung: Wir bleiben beim Landeanflug auf Antalya. Dort überfliegen wir kurz vor dem Aufsetzen hohe, karge Berghänge, deren Gipfel weit über die Baumgrenze hinausragen und teilweise mit einem Mützchen aus Schnee verziert sind. Die südliche Sonne steht hoch am Himmel und erwärmt die große baumlose Fläche. Die Lufttemperatur steigt. Es entwickelt sich Thermik und die Luft strömt nach oben ab. An den Bergspitzen angekommen, wird die aufsteigende Luft von horizontalen Winden, die über die Berge streichen, abgelenkt. Dadurch staut sich vor den Gipfeln die Luft, die teilweise nach oben ausweicht. Hinter den Bergspitzen ist wieder Platz und die verbleibende Luft dehnt sich ins nächste Tal aus – es entsteht Unterdruck. Führt der Endanflug zu guter Letzt noch über das Meer – und viele Flughäfen liegen direkt an der Küste – wird die Maschine möglicherweise noch ein, zwei Hopser nach unten machen. Das liegt daran, dass die Sonne das Meer nicht so schnell aufwärmt, wie es über dem Festland geschieht. Konsequenz: Die Luft steigt über dem Meer langsamer auf, verursacht dort weniger Auftrieb, und die Maschine sackt an dieser Stelle kurz durch.

Ein turbulentes Treiben unterschiedlicher Luftmassenströme mit großen Temperaturunterschieden und wechselnden Windrichtungen. Und – das Flugzeug mittendrin! Aber keine Sorge, alle Verkehrsflugzeuge sind für derartige Eskapaden der Natur ausgelegt. Das Rütteln und Schütteln sind unangenehme Begleiterscheinungen – aber völlig ungefährlich. Beobachten Sie jetzt einmal die Gesichter der Flugbegleiter. Deren Mimik ist entspannt! Habe ich recht?

Die Piloten der Segelflugzeuge machen sich übrigens die Thermikströme an sonnenerwärmten Berghängen zunutze. Sie schrauben ihre Fluggeräte in der aufsteigenden Luft nach oben. Ähnliches kann man unter Cumuluswolken beobachten. Auch hier bringt die aufsteigende warme Luft die Segelflugzeuge schnell in große Höhen. Der Bussard ist ein wahrer Meister darin, Aufwinde an Berghängen zu nutzt, um sich ohne einen einzigen Flügelschlag, kreisend in große Höhen tragen zu lassen.

Apropos: Auch die farblichen Unterschiede der Erdoberfläche erzeugen unterschiedliche Thermikströme, die selbst in Passagierflugzeugen spürbar sind. Schneebedeckte Flächen reflektieren beispielsweise die Sonneneinstrahlung und verursachen nur geringe Thermik. Anders als dunkle Oberflächen, die das Sonnenlicht absorbieren, und dadurch die Luft schneller erwärmen. Die dort entstehende thermische Strömung ist ungleich höher als über Gletscherregionen.

Die Kraft der Luft, des Windes und der Thermik wird auch direkt vor unseren Füßen sichtbar, wenn wir das lustig im Wind umherfliegende Laub der Bäume beobachten. Genau diese Luft ist es auch, die Flugzeuge trägt.

23.3 Endanflug – kleine Nebenwirkungen

Der Sinkflug wird mitunter auch von einer körperlichen Erscheinung unangenehm begleitet: Es knackt in den Ohren! Manchmal schmerzen sie sogar. Es rauscht im Gehör, und alle Worte klingen wie aus weiter Ferne, wie durch Watte gesprochen.

Diese harmlose körperliche Reaktion hängt hauptsächlich mit dem sich ändernden Kabinendruck zusammen. Ich will es erklären:

In der Atmosphäre nimmt der Luftdruck mit der Höhe stetig ab. Auf der Reiseroute, zwischen dem Start und der maximal geplanten Flughöhe, muss in der Kabine ein – für den Menschen verträglicher Druck gehalten werden. Der durchschnittliche Umgebungsdruck auf Meereshöhe beträgt 1,013 bar. In der Kabine kann dieser Druck jedoch bei Reiseflughöhe nicht beibehalten werden, da die Differenz zwischen Innen- und Außendruck zu hoch wäre. Daher wird im Steigflug der Innendruck allmählich abgesenkt, bis er dem Druck entspricht, der in der Atmosphäre bei etwa 2.500 Meter über Meeresspiegel herrscht. Das kommt dem Umgebungsdruck am Gipfel der Zugspitze nahe. Der Innendruck ist somit in Reiseflughöhe geringer als der Normaldruck auf Meereshöhe. Zur Landung muss der Kabinendruck jedoch wieder dem Umgebungsdruck des jeweiligen Zielflughafens angepasst und damit erhöht werden. Je höher der Flughafen liegt, umso geringer ist dort der Außendruck und analog erfolgt auch in der Kabine nur eine geringe Druckerhöhung. Das Knacken in den Ohren wird immer unwahrscheinlicher, je höher die Lage des Flughafens über dem Meeresspiegel ist. Beim Anflug auf die Landeplätze am Meer – und dort liegen die gefragtesten Urlaubsziele – wird es also in den allermeisten Ohren deutlich häufiger knacken, als bei Landungen in größeren Höhen. Die Beeinträchtigungen im Ohr sind nervig, verschwinden aber nach der Landung genauso schnell, wie sie gekommen sind. Ein einfaches Hilfsmittel zur Vermeidung dieser Beschwerden kann das Kauen eines Kaugummis sein.

Jede Flugreise endet mit dem letzten Teil, dem Endanflug auf die Landebahn. Wer nun das Glück hat, einen Platz mit Blick auf die Tragflächen ergattert zu haben, der sollte genau beobachten, was dort passiert. Gut zu erkennen sind die Landeklappen, die an der Vorder- und Hinterseite der Tragflächen schrittweise ausgefahren werden, um den Auftrieb beim langsamen Landeanflug zu erhöhen. Die Landeklappen an den Rückseiten der Flügel, bewirken in den ersten Stufen einen deutlichen Auftriebsgewinn. Werden sie voll ausgefahren, erhöhen sie vor allem den Luftwiderstand. Der Widerstand ist wichtig, damit das Flugzeug auf dem Gleitpfad nicht zu schnell wird. Dies geschieht vor allem deshalb, weil die Leerlaufdrehzahl der Triebwerke beim Landeanflug höher ist, um die Motoren im Notfall schneller auf volle Leistung bringen zu können. Die Querruder, die für den Kurvenflug verantwortlich sind, befinden sich an den hinteren, äußeren Tragflächenseiten. Um deren Ausschläge zu beobachten, muss man allerdings sehr genau hinschauen, denn diese Klappen bewegen sich in nur sehr geringem Maße. Schon der leichteste Ausschlag verursacht beim Flugzeug eine Seitenneigung, also eine Rollbewegung über die Längsachse. Eventuell haben Sie Glück und die Piloten fliegen tatsächlich noch eine letzte Kurve, bevor das Flugzeug auf der Landebahn aufsetzt.

In der Schlussphase befindet sich die Maschine im Endanflugsektor (final Approach area) und bewegt sich auf den Leitstrahlen, die den genauen Kurs und die jeweilige Höhe über Grund vorgeben. Bis zur sichtbar werdenden Anflugbefeuerung der Landebahn dauert es nur noch wenige Minuten. Beim Erreichen des Gleitpfades werden die Fahrwerke ausgefahren. Achtung! Jetzt rumpelt es gehörig im Bauch des Flugzeuges, die Strömungsverhältnisse verschlechtern sich und es wird ein wenig lauter.

Beim Landecheck, dem finalen Check, wird die Geschwindigkeit, die Stellung der Klappen und das korrekte Ausfahren und Einrasten der Fahrwerke (landing gear) kontrolliert. Das Flugzeug ist damit auf die Landung eingestellt. Die Anflugkontrolle des Flughafens begleitet die Maschine bis zum Aufsetzen. Die Landung erfolgt entweder nach Instrumentenflug oder nach Sichtflugregeln.

Bei böigem Wetter wird die Landebahn grundsätzlich schneller angeflogen, um das Flugzeug stabil durch den Wind zu bringen. Das hat häufig auch ein hartes Aufsetzen zur Folge. Kommen die Böen von der Seite, dann schwebt das landende Flugzeug leicht schräg zur Bahn gegen den Wind ein. Es sieht sonderbar, vielleicht ein wenig bedrohlich aus. So – als werde die Maschine die Landebahn verfehlen. Dies ist gewollt, da das Flugzeug ansonsten vom Wind seitlich abgetrieben würde. Kurz vor dem Bodenkontakt wird der Jet wieder gerade zur Bahn ausgerichtet. Ein routinemäßiges Manöver, bei Landungen mit Seitenwind. (S. hierzu Kapitel: Scherwinde – unangenehme Wetterphänomene)

In seltenen Fällen kann es dazu kommen, dass ein Flugzeug kurz vor dem Aufsetzen auf der Landebahn noch einmal durchstarten muss. Das Durchstarten ist ein Standardverfahren, das im Simulator intensiv trainiert wird und keinesfalls riskant ist. Beim Briefing zur Landung wird routinemäßig auch dieses „Go-around" Verfahren besprochen. Es ist, je nach Witterung, Windverhältnissen und topografischer Lage des Flughafens unterschiedlich. Eines ist aber immer gleich: Die Passagiere bekommen dabei einen gehörigen Schrecken. Wenn Sekunden vor dem Touchdown, den Boden in greifbarer Nähe, die Triebwerke jäh aufheulen und das Flugzeug die Nase wieder nach oben richtet, sind Ratlosigkeit, Ungewissheit und Angst das Ergebnis der Aktion. In der Kabine weiß in diesem Augenblick natürlich noch niemand, warum das Flugzeug jetzt nicht gelandet ist. Die aufklärenden Worte der Piloten werden dann allerdings nicht lange auf sich warten lassen.

Kommt es zum Durchstarten eines Flugzeuges, dann stehen immer sicherheitstechnische Gründe dahinter, die vor einer pünktlichen Landung Priorität haben. Gründe für einen Landeabbruch können vielfältig sein: Gegenstände auf der Bahn, Tiere, Vogelschwärme, heftiger Seitenwind oder zu geringer Abstand zum vorderen Flugzeug.

Für die Piloten heißt ein Go-around immer: Schubhebel nach vorne, Triebwerke auf volle Leistung setzen, Steigflug einleiten, Fahrwerke einfahren, Landeklappen zurückfahren und Höhe gewinnen. Ist das erledigt, fädeln sich die Piloten in Absprache mit der Anflugkontrolle erneut in den Strom der landenden Flugzeuge ein. Also keine Angst vor solchen Manövern! Durchstarten ist mit einem ganz gewöhnlichen Start vergleichbar.

23.4 Störklappen – nicht gleich wieder in die Luft gehen

Kurz vor dem Aufsetzen heben die Piloten die Flugzeugnase noch einmal leicht an, damit das Hauptfahrwerk vor den Bugrädern den Boden berührt. Im Airbuscockpit misst das Bodenradar die aktuelle Distanz über Grund. Ab einer Höhe von 100 Fuß (etwa 30 Meter) gibt der Bordcomputer die Höhendaten permanent als Sprachnachricht, dem Callout, an die Piloten weiter: One hundred, ninety, eighty, seventy… Die Ausrufe enden bei twenty, also bei etwa sechs Meter über Grund. Die Ansage „Minimum", signalisiert die Höhe, bei der die Landebahn in Sicht sein muss. Wenn dies nicht der Fall ist, muss durchgestartet werden. Mit dem Callout: „Retard", fordert der Sprachcomputer die Piloten auf, die Gashebel auf null zu stellen, den Schub komplett heraus zu nehmen, um zügig Aufsetzen zu können. Die Geschwindigkeit muss also weiter reduziert werden. Andernfalls würde die Maschine über den Aufsetzpunkt schweben und zu spät den Boden berühren. Die Ansagen des Sprachcomputers stellen eine erhebliche Entlastung der Piloten beim Landemanöver dar.

Wie eben schon beschrieben, können im Flug die äußeren Störklappen, die Flightspoiler, zur Erhöhung der Sinkrate oder hilfsweise beim Kurvenflug eingesetzt werden. Der Name spricht dabei für sich. Störklappen stören die Luftströmung auf den Tragflächen und vermindern den Auftrieb. Eine ganz wesentliche Aufgabe haben sie bei der Landung. Unmittelbar nach dem Aufsetzen, dem Touchdown, schnellen nicht nur die äußeren Flightspoiler, sondern auch die inneren Groundspoiler hoch. Dadurch wird ein Strömungsabriss an den Flügeln verursacht und der Auftrieb vollständig unterbrochen. Das Flugzeug wird auf diese Weise am Boden gehalten und ein Springen wirkungsvoll verhindert. Außerdem erhöhen die Störklappen den Druck auf die Fahrwerke und machen den Bremsvorgang effektiver. Die Groundspoiler können nur aktiviert werden, wenn die Fahrwerke ausgefahren sind und das Gewicht des Flugzeuges auf ihnen lastet.

Spannende Vorgänge, bei denen es sich lohnt, einmal genau hinzuschauen.

23.5 Gelandet – bitte jetzt nicht klatschen

Das Flugzeug hat nun wieder den festen, vertrauten Boden berührt. Die scheinbar holprige Piste wirkt auf Menschen mit Flugangst wie eine Erlösung – und das Ächzen der Innenverkleidung klingt wie eine Symphonie. Die Panik verschwindet buchstäblich wie im Flug. Freude und Erleichterung dominieren nun bei all denen, die diese Flugreise in beklemmender Angst hinter sich gebracht haben.

Aber – bitte – jetzt nicht klatschen! Piloten sind keine Künstler, sie brauchen keinen Applaus. Sie habe es gelernt, Flugzeuge zu fliegen. Es ist ihr Beruf! Niemand käme nach einer Zahnbehandlung oder einer gelungenen Blinddarmoperation auf die Idee, die Arztpraxis applaudierend zu verlassen. Ein Dankeschön an die

Besatzung ist aber angebracht, wenn das Team gut war. Hierzu hat jeder beim Verlassen der Maschine Gelegenheit!

23.6 Schubumkehr – Bremsfallschirm nach der Landung

Wenn ein voll besetztes Großraumflugzeug, das mit 500 Tonnen Landegewicht und 270 km/h auf der Erde aufsetzt, nur über die Bremsen des Hauptfahrwerkes zum Stillstand gebracht wird, ist der Bremsweg lang sowie der Räder- und Bremsenverschleiß hoch. Aus diesem Grund verfügen die Triebwerke über eine Schubumkehr, die von den Piloten nach der Landung aktiviert werden kann. In den Turbinen wird hierzu ein Teilstrom der Luft nach vorne umgelenkt. Geben die Piloten dann noch einmal Schub auf die Triebwerke, wird ein dumpfes, donnerndes Geräusch hörbar und der gewünschte negative Schub wird wirksam. Das Flugzeug kann durch dieses Verfahren materialschonend und sehr effektiv abgebremst werden. Danach übernehmen die Scheibenbremsen des Hauptfahrwerkes den Rest. Das Bugfahrwerk, vorn am Flugzeug, ist meist ungebremst.

Übrigens: Die Schubumkehr lässt sich erst aktivieren, wenn die Gashebel auf null gestellt wurden und das Flugzeug Bodenkontakt hat. Also keine Sorge, in der Luft ist eine solche Aktion nicht möglich.

In der zivilen Luftfahrt dürfen nur Flughäfen angeflogen werden, bei denen die Bahn für das landende Flugzeug ausreichend lang ist, damit es auch ohne Schubumkehr problemlos zum Stehen gebracht werden kann. Aus Lärmschutzgründen wird die

Schubumkehr nur kurz eingesetzt, manchmal muss sogar ganz darauf verzichtet werden.

Nach dem zügigen, manchmal rasanten Abbremsen, verlassen die Piloten unverzüglich die Landebahn, um die Strecke für nachfolgende Maschinen frei zu geben. Der Kapitän übernimmt an dieser Stelle das Flugzeug, weil Rollen nun mal Chefsache ist! Die Vorfeldkontrolle weist der Besatzung den vorgeschriebenen Weg über den Taxiway zum Vorfeld, bis ein „Marshaller" in seinem karierten Lotsenfahrzeug, dem Follow me Car, vorausfahrend das Flugzeug an die vorgeschriebene Parkposition geleitet. Am Haltepunkt wird die Parkbremse gesetzt, die Triebwerke abgeschaltet, die externe Stromversorgung angeschlossen und die Fluggastbrücke angedockt. Erst jetzt werden die Türen geöffnet und die Passagiere können das Flugzeug verlassen. Die Phase zwischen dem Setzen der Parkbremse und dem Öffnen der Türen dauert einige Zeit, in der die meisten Passagiere unnötigerweise dicht gedrängt und schwitzend mit Ihrem Handgepäck, ungeduldig im Gang stehen.

Mein Rat also: Bleiben Sie einfach gemütlich sitzen, bis die Maschine fertig für den Ausstieg ist.

24 Swen – gelandet

Swen ist erleichtert, beinahe glücklich, obwohl seine Hände immer noch zittern. Das Flugzeug steht an einer Außenposition auf dem Vorfeld. Die Anschnallzeichen sind mit einem leisen Gong erloschen. Er löst seinen Sicherheitsgurt, den er bis zum Zerreißen festgezurrt hatte. Sein Bauch schmerzt davon, aber er ist überglücklich. Seinen Sitzplatz hatte er bewusst am Gang gewählt. Hier musste er nicht aus dem Fenster schauen und die Flugbegleiter hatte er überdies auch besser im Blick. Seine beiden Kinder, rechts neben ihm, haben ebenfalls ihre Sicherheitsgurte gelöst. Mit feuchten Augen umarmt Swen jedes von ihnen. Julia, die ihren Platz in der gleichen Sitzreihe, aber auf der anderen Seite des Ganges hat, kann er nur einen erleichterten Blick zuwerfen, da der Gang bereits mit Menschen verstopft ist. Alle wollen auf dem schnellsten Weg nach draußen, obwohl die Türen noch verschlossen sind. Als sich die Menschen langsam in Bewegung setzen, wischt Swen sich noch einmal die feuchten Hände an seiner Hose ab. Er genießt die Zeit, die Zeit hier im Flugzeug, an der Parkposition, auf dem sicheren Boden.

Erst jetzt, wo sich die Schlange der Menschen deutlich gelichtet hat, schält sich Swen aus seinem Sitz, zieht das Handgepäck aus dem Fach über ihm und nimmt Julia erleichtert in den Arm. Dann schreitet er wie ein Held vor seiner Familie her, schnurgerade in Richtung Ausgang. Swen schaut ein wenig verschroben in die Gesichter der freundlichen Flugbegleiter, die immer noch lächeln. *Mein Gott, habt ihr einen furchtbaren Job*, denkt Swen, bedankt sich bei ihnen mit einem freundlich triumphierenden Lächeln und begibt sich zügig zur Tür.

Frische, warme Luft weht ihm vom Vorfeld entgegen, als es ihn an der mächtigen Außentüre wie ein Blitz durchfährt. Beim Einsteigen hatte er genau an dieser Stelle eine Panikattacke. Swen bleibt kurz stehen, schaut sich die schwere, gebogene Außentür mit all ihren Warnhinweisen, der kleinen Sichtluke und dem mächtigen Verschlusshebel noch einmal an. Vor 2 Stunden führte ihn sein Weg in die entgegengesetzte Richtung. Besinnungslos vor Angst, direkt ins Flugzeug hinein. Nun hat er den blauen Himmel vor sich und der Wind weht ihm um die Nase. Der Bus, der sie zum Flughafengebäude bringen soll, steht schon bereit. Als er das Geländer der Fluggastbrücke in der Hand hat, fasst er mit der anderen noch schnell an die Außenhaut des Flugzeuges, ballt mutig die Faust und klopft vorsichtig, sehr, sehr vorsichtig mit den Fingerknöcheln gegen das Blech. Swen bemerkt, wie sich dabei seine Beklemmungen lösen, spürt die Befreiung. Die Schlinge, die ihm damals im Reisebüro um den Hals gelegt wurde, lockert sich mit jedem behutsamen Klopfen. Während sich die anderen Passagiere an ihm vorbei zwängen, lässt er noch einmal sein Augenpaar schweifen und kann dabei einen Blick durch das Cockpitfenster ins Innere der Kanzel werfen.

„Entschuldigen Sie bitte!" Erst jetzt bemerkt Swen, dass eine Flugbegleiterin neben ihm steht und ihn freundlich bittet, die Gangway frei zu machen, damit die übrigen Passagiere den Flieger zügig und gefahrlos verlassen können. Swen lächelt. „Entschuldigen Sie – aber – das musste jetzt sein!". Er wünscht ihr einen angenehmen Rückflug, dreht sich erhaben um und schaut wieder in den blauen Himmel. Während er majestätisch die Treppe hinab schreitet, beschließt Swen, etwas gegen seine Flugangst zu unternehmen. Seine Seele hat gelitten und er möchte sie nicht noch einmal so massiv verletzen.

Unten erwartet ihn seine Familie. Er nimmt sie in den Arm und sagt: „Kommt, wir steigen in den Bus!" Fröhlich lachend steigen sie in den Flughafenbus und lassen gut gelaunt den Airbus hinter sich. Der Urlaub hat begonnen.

25 Danksagung

Es gibt Menschen, denen ich an dieser Stelle Danke sagen möchte!

Bei der Umsetzung solcher Projekte, und dabei meine ich die Schaffung eines Buches, spielt die Familie immer eine wichtige Rolle. Ich möchte dabei meine Eltern an erster Stelle erwähnen, die mich durch Ihre Lebensart geprägt haben, aber leider die Veröffentlichung dieses Buches nicht mehr erleben durften. Das bedaure ich zutiefst!

Meiner Frau Maria, gebührt ein riesengroßes Dankeschön! Sie hat sich in den vergangenen Jahren meine leidenschaftlichen Schwärmereien rund um die Fliegerei angehört und war gleichzeitig meine emsigste Lektorin. Ihr möchte ich auch für die Unterstützung und ihre Geduld danken und dafür, dass sie mich mit Beharrlichkeit immer wieder ermutigte, weiter zu schreiben und das Buch letztendlich fertigzustellen.

Mein Sohn Mario, der meiner Begeisterung zur Fliegerei eher mit Zurückhaltung begegnet, wählt, wenn es irgendwie geht, ein anderes Fortbewegungsmittel. Er hat mir aber bei meiner Recherche wertvolle Hinweise über die Gefühlslage der ängstlichen Menschen vor- und während eines Fluges gegeben. Er hat mir zudem begreiflich gemacht, dass nach dem Flug meist auch vor dem Flug ist! Denn: Am Ende eines jeden Urlaubs steht immer auch der Heimflug an. Der Gedanke daran ist allgegenwärtig.

Für mein ungeborenes Enkelkind, das Dritte, wünsche ich mir, dass es so unbeschwert fliegen wird, wie meine Schwiegertochter Anne es tut.

Meiner Tochter Daniela möchte ich ebenfalls Danke sagen. Sie ist zugegebenermaßen auch nicht frei von Furcht und Unbehagen, wenn es um den bevorstehenden Urlaubsflug mit ihrer Familie geht. Sie hat mir ihren Sohn Luca für seinen allerersten Flug anvertraut. Auch für Luca habe ich dieses Buch geschrieben. Seine Freude konnte ich spüren und das Leuchten in seinen Augen war ein Geschenk.

Meine Enkeltochter Mira, die Jüngste, die mich stets aufgeregt und laut rufend auf jedes Flugzeug am Himmel aufmerksam machte, ist über die Entstehungsphase dieses Buches gereift. Geblieben ist aber, dass sie ein Flugzeug ohne Angst betritt.

Mein Freund Axel, mit dem ich dutzende Flugtage und zahllose Luftfahrtausstellungen besuchte, darf nicht unerwähnt bleiben. Die gemeinsamen Veranstaltungen und frenetischen Diskussionen über Flugzeuge und deren Technik haben mich bei meiner Stoffsammlung in wertvoller Weise unterstützt und weitergebracht. Auch dir Axel, sage ich „Danke".

Ein großes Dankeschön an die Flugkapitäne und Co-Piloten, die mir mit Rat und Tat zur Seite standen, mich mit wertvollen Informationen versorgten und mich in die Welt der Fliegerei mitnahmen.

Meinem Freund und Flugkapitän Klaus Rollersbroich verdanke ich viel, weil er in ganz besonderem Maße zur Entstehung dieses Buches beigetragen hat. Er hat mir zahlreiche Türen geöffnet und mir dadurch Möglichkeiten geboten, die ganz besonders waren. Danke dafür!

Mein ebenso großer und besonderer Dank geht an Flugkapitän Peter Penner. Auch er hat im Rahmen meines Buchprojektes besonderes geleistet. Peter, wie auch Klaus Rollersbroich haben mich fachlich in ausgezeichneter Weise unterstützt. Ihnen verdanke ich die Flugreisen, ohne die meine Schilderungen aus dem Cockpit nicht möglich gewesen wären.

Auch den vielen Flugbegleiterinnen und Flugbegleitern, die mich bei diesen Flügen hinter die Kulissen ihres verantwortungsvollen und anstrengenden Jobs blicken ließen, gilt meine Achtung und mein Respekt.

Wichtig zu erwähnen ist Markus Stankewitz, Facharzt für Neurologie und Psychiatrie, der mich in vielen Fragen zum Themenbereich „Angst und Panikattacken" aus ärztlicher Sicht beraten hat.

Carla Fischer, von cf-design. media, Berlin, die in der Erstellung von professionellen Filmen und Dokumentationen zu Hause ist, hat das Layout zum Cover erstellt. Carla, für deine Anregungen und deine Arbeit danke ich sehr.

Dr. Marie-Christine Frank, der Gründerin und Geschäftsführerin von DREI BRUEDER, Kommunikation und Beratung aus Köln, möchte ich herzlich für ihre Unterstützung danken. Du hast viele Ideen angestoßen, die ich gerne umgesetzt habe.

Der Powerfrau Dr. Martina Klein aus Bonn gilt mein außerordentlicher Dank für die viele Zeit, die sie in mein Projekt investiert hat. Am Schluss meiner jahrelangen Arbeit hat sie in akribischer Kleinarbeit mein Manuskript durchgearbeitet. Ihre kritischen Einschätzungen, ihre konstruktiven Anmerkungen und ihre tollen Ideen waren ausgesprochen hilfreich und zielführend. Danke Martina!

Ich bedanke mich zu guter Letzt – und das darf keinesfalls als Wertung gedeutet werden – beim gesamten Team des Hamburger Verlages Tredition. Ihre Sachlichkeit, Ihre Professionalität, Ihre Geduld und Ihre leidenschaftliche Unterstützung haben mir zu jedem Zeitpunkt der Zusammenarbeit Freude gemacht.

Es ist viel Zeit vergangen, zwischen der ersten Idee und dem fertigen Manuskript. Um genau zu sein, waren es acht Jahre. In diesen acht Jahren gab es Zeiten, die von zähen Schreibblockaden und Selbstzweifel bestimmt wurden. Unter dem Strich waren es aber acht Jahre voller Ideen, neuer Entwürfe, unermüdlicher Recherchearbeit und Ausdauer. Es waren wertvolle Jahre, die von Beharrlichkeit, Optimismus, Euphorie und Leidenschaft geprägt waren.

All die oben genannten Menschen haben ihren Beitrag dazu geleistet, dass das entstanden ist, was ihnen heute als Buch vorliegt.

„Nicht die Glücklichen sind Dankbar. Es sind die Dankbaren, die glücklich sind."

Francis Bacon

In diesem Sinne sage ich allen von Herzen:
Danke!

Johannes Holzportz
20.10. 2020

26 Glossar

Nicht jeder Fluggast kennt sich mit der Fachsprache der Fliegerei aus. Daher werden im folgenden Abschnitt die wichtigsten Begriffe, in alphabetischer Reihenfolge erklärt.

A

Abflug — Departure.

All doors in flight — Ansage der Kabinenbesatzung an die Piloten: Alle Türen sind für den Abflug verriegelt und die Notrutschen wurden aktiviert.

Ankunft — Arrival.

Apron — Auch Vorfeld genannt. Fläche vom Gate bis zu den Start- und Landebahnen.

APU — Auxiliary Power Unit. Hilfsturbine am Heck des Flugzeuges. Durch ihren schrillen Ton erkennbar, wenn sie läuft. Sie versorgt das Flugzeug am Boden mit Druckluft und Strom, wenn es nicht an die Bodenversorgung angeschlossen werden kann.

Arrival — Ankunft.

ATC — Air Traffic Control. Die Flugverkehrskontrolle obliegt der Flugsicherung und dient der Lenkung und Kontrolle der Bewegungen am Boden und in der Luft.

Aviation-Trainings-Center	Ausbildungscenter/Flugsimulator für Piloten und solche, die es werden wollen.
Aviophobie	Medizinischer Fachbegriff für Flugangst.
Avionik	Sammelbegriff für die Elektronik an Bord.

B

Boarding Time	Die Zeit vor dem Abflug, in der das Flugzeug zum Betreten frei gegeben wird.
Briefing	Flugvorbesprechung, in der das vom Dispatcher vorbereitete Briefingpaket abgearbeitet wird. Hierzu zählen auch die Wetterdaten, die Besonderheiten des Fluges, Kranke an Bord, die Beladung und natürlich die geplante Flugroute.
Bug	Der vordere Teil des Flugzeuges. Gegenteil ist das Heck.
Business Class	Die Luxusversion in der Fluggastkabine: Ausgesuchte Speisen, viel Platz, komfortable Sitze, Rundumservice. Aber auch deutlich teurer als die Economy Class.

C

Callout	Sprachausgabe des Computers im Cockpit. Der Sprachcomputer warnt die Piloten vor kritischen Situationen. Bei Airbus wird z.B. bei der Landung, im Endanflug, die Höhe über Grund als Callout ausgerufen.

Check-in	Einbuchen für den Abflug, am Schalter der Abflughalle. Dort hat jede Fluggesellschaft ihren eigenen Bereich.
Control Wheel	Steuerrad auf der Steuersäule, die sich beispielsweise bei Boeing zwischen den Knien der Piloten befindet.
Crew	Besatzung, bestehend aus Piloten und den Flugbegleitern. Ranghöchster Chef ist der Kapitän. Er trägt die Gesamtverantwortung für sein Team und die Fluggäste. Für die Kabinenbesatzung übernimmt die Purserette, bzw. der Purser die Leitungsfunktion.
Crosscheck	Kontrolle der Türen durch die jeweils zuständigen Flugbegleiter vor dem Start. Aber auch Gegenprobe (Crosscheck) der gegenüberliegenden Türen.
Crosswind landing	Scherwindlandungen sind Landungen, die teilweise unter heftigem Wind, der aus unterschiedlichen Richtungen wehen kann, durchgeführt werden. (s. Scherwinde).

D

Departure	Abflug (wörtlich übersetzt: Abreise).
Destination	Reiseziel (wörtlich übersetzt: Ziel).
Dispatcher	Auch „Flight Operation Controller" (FOC), „Flight Operation Officer" (FOO). Es sind Flugdienstberater, die für die gesamte Flugvorbereitung zuständig sind, und

dabei ein Briefingpaket vorbereiten, das von den Piloten beim Briefing abgearbeitet wird.

E

Economy Class   Die Touristenklasse in der Fluggastkabine. Die einfachste, preiswerteste – aber auch verbreitetste Art zu reisen.

Emergency   Allgemeiner Notfall. In der Luftfahrt gibt es für jedes Notfallszenario Checklisten, die bei Eintritt eines solchen Falles strikt abgearbeitet werden müssen.

F

FAA   Federal Aviation Administration. Amerikanische Flugüberwachungsbehörde.

Fan   Vorderes, sichtbares Turbinenrad am Mantelstromtriebwerk. Es saugt große Luftmengen an und stellt die erste Verdichterstufe des Triebwerkes dar.

Final approach area   Der letzte Teil des Landeanfluges, wenn sich das Flugzeug bereits im Endanflugsektor, kurz vor dem Aufsetzen befindet.

First Class   Die Premiumversion der Luxusklasse in der Fluggastkabine. Hier werden edelste Speisen serviert. Der Platz erinnert eher an Suiten, als an ein Flugzeug. Mehr geht nicht, auch nicht im Preis! Eine Klasse für die Superreichen und Promis.

Flight Control Unit (FCU) Elektronische Flugzeugsteuerung, die digitale Signale für die Steuerung des Flugzeuges bereitstellt. Sie dient der Arbeitserleichterung der Piloten sowie der Sicherheit und der Effizienz des Flugzeuges.

Flight Deck Cockpit oder Pilotenkanzel. Der Arbeitsplatz der Piloten und ggf. eines zusätzlichen Flugingenieurs.

Flight Management System (FMS) Computer zur Flugsteuerung, sozusagen das Gehirn des Flugzeuges.

Flightspoiler Störklappen. Sie werden zur Erhöhung der Sinkrate, manchmal im Kurvenflug und bei der Landung eingesetzt. Sie stören die Strömung auf den Tragflächen und damit den Auftrieb.

Flugfläche Ist die Höhe gleichen Luftdrucks. Sie ist eine wichtige Abbildung der Höhe, in Bezug auf andere Luftfahrzeuge. Standardmäßig werden alle Höhenmesser einheitlich eingestellt, und zwar so, dass sie bei einem Luftdruck von 1013,25 hPa eine Höhe von 0,00 Meter bzw. Fuß über Meereshöhe anzeigen. Die Flugfläche multipliziert mit 100 ergibt die Höhe in Fuß (ft).

Flughöhe Unter Flughöhe versteht man die tatsächliche Höhe des Flugzeuges über Grund. Sie ist eine wichtige Darstellungsmethode der geflogenen Höhe in Bezug auf den Sicherheitsabstand zum darunterliegenden

	Gelände. 10.000 ft (Fuß) entsprechen gerundet 3.000 m; 1.000 m entsprechen gerundet 3.300 ft (Fuß). Die Flughöhe in Fuß, dividiert durch 100 ergibt die Flugfläche.
Flügelkasten	Innenraum der Tragfläche, aus der die Landeklappen ausgefahren werden.
Fly-by-Wire	Flugsteuerungssystem. Hier werden die Impulse des Sidestick (Airbus) oder der Steuersäule (Boeing & Co.) elektronisch an hydraulische Stellmotoren und damit an die Klappen und Ruder weitergegeben.
FMS:	Siehe Flight Management System.
FOC	Siehe Dispatcher.
Follow-me-Car	Ein vor dem Flugzeug vorausfahrendes Lotsenfahrzeug auf Flughäfen, das die Piloten zur Startbahn führt, oder sie zur zugewiesenen Parkposition lotst. Ein Marshaller winkt das Flugzeug dann in die endgültige Parkposition ein.
FOO	Siehe Dispatcher.
Full Flight Simulator	Professioneller Flugsimulator zur Ausbildung und zum Training der Piloten. Er stellt alle Bewegungen des Flugzeuges originalgetreu nach und steht dabei auf hydraulischen Stelzen.
Fuß	Längenmaß bzw. Maß für die Flughöhe: 1 ft (Fuß) = 0,3048 Meter, 10.000 ft (Fuß) gerundet 3.000 m,

1.000 m gerundet 3.300 ft (Fuß),

G

Gate Flugsteig. Das Gate kennzeichnet den Hallenbereich des Verkehrsflughafens, zwischen Check-in und dem Abflugbereich.

Galley Bordküche. Hier werden die am Boden vorgekochten Speisen für den Verzehr erwärmt, Kaffee zubereitet und die Getränke gekühlt und gelagert.

Gangway Fahrbare Fluggasttreppe oder fest mit dem Gate verbundene, geschlossene Fluggastbrücke zum Besteigen oder Verlassen eines Flugzeuges.

Gieren Drehen des Flugzeuges um die Vertikal- bzw. Hochachse. Gieren kann mit dem Schleudern eines Kfz verglichen werden. (s. Kapitel 12.9)

GMT Greenwich Mean Time, (Weltzeit). Auf der Washingtoner Meridiankonferenz einigte man sich 1884 auf den Meridian, der durch Greenwich als Nullmeridian verläuft. Die Greenwich mean Time (GMT) wurde 1925 durch die UTC-Zeit ersetzt. Sie ist heute der allgemeingültige Standard für den internationalen Flugverkehr. Diese globale Weltzeit berücksichtigt keine Sommer und Winterzeiten.

Go-around	Durchstarten eines Flugzeuges, wenn die Landung kurzfristig vor dem Aufsetzen abgebrochen werden muss.
GPU	Ground Power Unit, Bodenstromaggregat zur Versorgung des Flugzeuges mit Strom, wenn die APU (Hilfsturbine unter der Heckflosse des Flugzeuges) aus Lärmschutzgründen nicht betrieben werden darf und kein landgebundener Strom zur Verfügung steht.
Groundspoiler	Störklappen, die nur am Boden aktiviert werden können. Sie verursachen einen vollständigen Strömungsabriss auf den Tragflächen, halten die Maschine nach der Landung am Boden, verhindern ein Springen der Maschine und verstärken den Druck auf die Reifen. Dadurch wird die Bremswirkung nach der Landung optimiert.

H

Heck	Der hintere Teil des Flugzeuges. Gegenteil ist der Bug, der vordere Teil des Flugzeuges.
Hochachse	(Auch Vertikalachse genannt) Drehrichtung eines Flugzeuges, die auch das Gieren beschreibt (s. Kapitel 12.9). Gieren kann hilfsweise mit dem Schleudern eines Kfz verglichen werden.
Höhenruder	Befinden sich wie die Seitenruder am hinteren Leitwerk des Flugzeuges, den

horizontalen hinteren Tragflächen. Sie dienen dazu, das Flugzeug steigen oder sinken zu lassen und werden bei Airbus über den Sidestick und bei Boeing & Co über die Steuersäule bedient.

I

Idle Power Leerlaufleistung der Triebwerke, beispielsweise beim Sink- oder Landeanflug.

K

Kerosin Flugzeugkraftstoff für Gasturbinentriebwerken, wie sie in herkömmlichen Verkehrsflugzeugen verbaut werden.

Knoten (kn) Geschwindigkeitseinheit in der See- und Luftfahrt:
100 Knoten = 185,2 km/h;
100 km/h = 54 Knoten.

L

Landing gear Fahrwerke eines Flugzeuges. Der Airbus A380 wartet am Hauptfahrwerk mit zwanzig und am Bugfahrwerk mit weiteren zwei Rädern auf.

Längsachse Drehrichtung eines Flugzeuges, die auch das Rollen beschreibt. Also die Bewegung, die es beim Kurvenflug über die Längsachse ausführt, wenn sich die Flügel nach unten oder oben bewegen (s. Kapitel 12.9).

Loader	Belader für den Frachtraum.
Loadsheet	Ladeliste.
Lounge	Airport-Lounge oder Airline-Lounge. Dies ist der Wartebereich, der in der Regel nur ausgewählten Fluggästen zur Verfügung steht. Es sind die Business- oder First-Class Kunden, mit teuren Flugtickets. Sie genießen dort einen exzellenten Service.

M

Mainpanel	Bedienbereich im Cockpit, direkt in Augenhöhe vor den Piloten. Bei Airbus befinden sich dort die Hauptinstrumente die zum Fliegen des Flugzeuges benötigt werden. Dort sind im Wesentlichen die Bedienelemente zur Einstellung der Flughöhe und Geschwindigkeit, die Anzeigegeräte für den künstlichen Horizont, die Höhen- und Geschwindigkeitsmesser, das Navigationsdisplay, das Radar und Wetterradar sowie die Überwachungssysteme der Triebwerke untergebracht. Die Bedienhebel des Fahrwerkes befinden sich ebenfalls im Mainpanel.
Marshaller	Einweiser, der die Flugzeuge in die endgültige Parkposition einweist.
Meile	Längenmaß außerhalb des metrischen Systems.
Meteo	Wetterbüro in der Fliegersprache.

Minimum Unstick Speed	Minimalste Abhebegeschwindigkeit, bei einem maximal möglichen Anstellwinkel. Das ist in der Luftfahrt ein vorgeschriebener Test für die Zulassung.

N

Nicken	Drehrichtung eines Flugzeuges, die über die Querachse erfolgt. Es ist die Bewegung, die ein Flugzeug ausführt, wenn es in den Steig- oder Sinkflug übergeht (s. Kapitel 12.9).

O

Overhead Panel	Bedienpanel im Cockpit- Deckenbereich, über den Köpfen der Piloten. Hier werden die Bordsysteme bedient und überwacht. Hierzu zählen die Rauchmelder, die Löschsysteme, die Hydraulik, die Klimaanlage, die Stromversorgung und die Außenbeleuchtung.

P

Pick-up-Time	Abholzeit für die Crew im Hotel vor dem Start, nach einem Umlauf mit Übernachtung.
Pushback-Truck	Flugzeugschlepper auf dem Flughafen. Mit deren Hilfe werden die Flugzeuge aus ihrer Parkpositionen gezogen oder gedrückt, bis sie eigenständig rollen können.

Q

Querachse — Drehrichtung eines Flugzeuges, die auch das Nicken beschreibt. Also die Bewegung, wenn die Maschine in den Steig- oder Sinkflug übergeht (s. Kapitel 12.9).

Querruder — Ruder am hinteren, äußeren Tragflächenende. Sie werden für den Kurvenflug eingesetzt.

R

Ramp Agent — Der Ramp Agent ist der verantwortliche Mitarbeiter der Fluggesellschaften oder des Flughafenbetreibers, der mit seinem Team die am Boden befindlichen Flugzeuge auf den nächsten Start vorbereitet. Er hat damit die Vorfeldaufsicht für die Maschine, die ihm zugewiesen wurde. Er koordiniert alle Dienstleistungen für den Aufenthalt am Boden, und solche, die für den Weiterflug erforderlich sind. Dazu zählen die Reinigung der Kabine, die Betankung, die ordnungsgemäße Beladung, das Catering, die Befüllung der Frischwassertanks und die Entsorgung des Abwassers. Der Ramp Agent ist der zuständige Ansprechpartner und Koordinator für die Cockpitbesatzung sowie das Kabinen- und Servicepersonal. Er ist aber auch Bindeglied zwischen den Piloten und den technischen Abteilungen am Boden.

Reiseziel — Destination.

Retard Retard ist die Anweisung, kurz vor dem Aufsetzen der Maschine, den Schubhebel auf null zu setzen und zu landen.

Rotate Bei der Anweisung Rotate, ist beim Start die Abhebegeschwindigkeit erreicht. Jetzt muss die Flugzeugnase angehoben werden, damit die Maschine starten kann.

Rotationspunkt Ist der Punkt auf der Startbahn, bei dem die Rotationsgeschwindigkeit erreicht ist und die Flugzeugnase über die Querachse angehoben wird, das Bugfahrwerk also den Boden verlässt.

RWY Abkürzung für Runway.

S

Schedule Zeitplan.

Scherwinde Scherwinde entstehen aus Windscherungen, bei denen zwei Luftmassenströme vertikal oder horizontal in gleicher Richtung, aber mit unterschiedlicher Geschwindigkeit übereinander gleiten. Windscherungen können auch in entgegengesetzter Richtung stattfinden. Scherwinde sind Störenfriede des Luftverkehrs.

Seitenruder Das Seitenruder befindet sich am hinteren Ende der aufrechtstehenden Heckflosse, dem Leitwerk. Die Bedienung erfolgt bei Airbus über zwei Pedale, die sich im Fußraum der Piloten befinden. Das Seitenruder dient der Stabilisierung des Flugzeuges beim Beschleunigen auf der Startbahn und nach dem Aufsetzen auf der Landebahn. Beim langsamen rollen spielt das Seitenruder keine Rolle.

Sidestick Bei Airbus erfolgt die Steuerung über ein computerüberwachtes Fly-by-Wire-System mit Sidestick. Dieser Sidestick, ähnlich einem Joystick, befindet sich jeweils links vom Kapitän und rechts vom Co-Piloten. Über ihn erhalten die Hydraulikantriebe ihre Impulse.

Sinkrate Die Sinkrate ist die vertikale Sinkgeschwindigkeit im Landeanflug. Sie wird in Fuß pro Minute (ft/min) oder in Meter pro Sekunde (m/s) gemessen.

Slats Als Slats werden die Vorflügel an der Vorderen Tragflächenseite bezeichnet. Sie dienen beim Start und der Landung der Erhöhung des Auftriebes.

Spoiler Auch Störklappen genannt. Es sind bewegliche Platten auf der Oberseite der Tragflächen, die die Strömung stören, wenn sie nach oben ausgefahren werden. Damit kann eine höhere Sinkrate erreicht werden. Sie können auch beim Kurvenflug hilfsweise eingesetzt werden. Besonders wichtig sind sie nach der Landung, um ein Springen der Maschine wirkungsvoll zu verhindern und den Bremsvorgang zu unterstützen, indem sie einen höheren Druck auf die Räder bringen.

T

Terminal — Abfertigungshalle. Hier wird der Passagierverkehr abgewickelt. Es ist das Empfangsgebäude für die Fluggäste.

Top of climb — Stellt das Ende des Steigfluges dar. An diesem Punkt wird die Maschine wieder in eine waagerechte Position gebracht und die Triebwerke gedrosselt.

Top of descent — Stellt das Ende des Reisefluges dar. An diesem Punkt beginnt der Sinkflug. Das Bedeutet: Nase runter und Triebwerke weiter drosseln.

Touchdown — Stellt den Augenblick dar, bei dem die Landebahn nach einer Flugphase wieder berührt wird.

Turnaround Time — Aufenthaltszeit des Flugzeuges zwischen einer Landung und dem Wiederabheben zum nächsten Reiseziel.

U

UTC — Coordinated Universal Time. Sie ist seit 1925 offiziell die koordinierte Weltzeit und ersetzt damit die Greenwich mean Time (GMT). Sie entspricht ungefähr dem Nullmeridian, der durch Greenwich verläuft. Diese globale Weltzeit berücksichtigt keine Sommer und Winterzeiten. Sie ist heute der allgemeingültige Standard für den internationalen Flugverkehr.

V

V1-rotate	Stellt die Entscheidungsgeschwindigkeit beim Start dar. Bis zum Erreichen dieser Geschwindigkeit kann das Flugzeug im Falle eines Notfalls mittels der Bremsen sicher zum Stillstand gebracht werden. Bei Überschreiten der V1 wird der Startvorgang nicht mehr abgebrochen.
V2	V2 kennzeichnet die Geschwindigkeit, die im Flug optimal für den Steigflug und für die Manövrierfähigkeit ist.
Vr	Rotationsgeschwindigkeit. Sie stellt die Abhebegeschwindigkeit dar. Hier ist die Auftriebskraft an den Tragflächen größer als die Gewichtskraft des Flugzeuges. Bei Vr wird die Nase des Flugzeuges angehoben und gestartet.
Vertikalachse	(Auch Hochachse genannt) Ist die Achse, die von unten, senkrecht nach oben verläuft (s. Kapitel 12.9).
Vorfeld	(Auch Apron genannt). Es handelt sich dabei um die Fläche eines Flughafens, die vom Gate bis zur Start- und Landebahn reicht.

W

Winglets	Sind die gebogenen Flügelverlängerungen. Sie reduzieren die Wirbelzöpfe an den Tragflächenenden und damit auch den Spritverbrauch. Klassische Winglets sind

kurze, schräg nach oben ausgerichtete Flügelverlängerungen. Blendet Winglets oder Sharklets verlängern die Tragflächen in einem weichen, fließenden Übergang. Raked Wingtips sind pfeilartige Verlängerungen der Flügelspitzen. Wingtip Fences zeigen mit harten Übergängen, sowohl nach oben als auch nach unten (s. Kapitel 12.2).

Wirbelschleppen Sobald sich ein Flugzeug in Bewegung setzt, strömt Luft über die Tragflächen. Durch die hohe Druckdifferenz zwischen Ober- und Unterseite bilden sich Luftwirbel, die jedes Flugzeug hinter sich herzieht. Die Wirbelschleppen rotieren kreisförmig hinter dem Flugzeug und bewegen sich an den beiden Flügelspitzen gegenläufig. Sie können für nachfolgende Flugzeuge gefährlich werden, sobald der Abstand zu gering wird.